LES ROMANS,

BALLET HÉROÏQUE EN TROIS ENTRÉES;

COMPOSÉ DES ACTES

DE LA *BERGERIE*, DE LA *CHEVALERIE*,

ET DE LA *FÉÉRIE*;

REPRÉSENTÉ

PAR L'ACADEMIE ROYALE DE MUSIQUE,

Le Mardi 30 Juillet 1776.

PRIX XXX. SOLS.

A PARIS,

Chés DELORMEL, Imprimeur de ladite Académie ; rue du Foin,
à l'Image Sainte Genevieve.

On trouvera des Exemplaires du Poeme à la Salle de l'Opera.

M. DCC. LXXVI.

AVEC APPROBATION ET PRIVILEGE DU ROI.

Les Paroles font de M. ***

La Mufique eft de M. CAMBINY.

LA BERGERIE,

BALLET-HÉROÏQUE EN UN ACTE.

PREMIÈRE ENTRÉE.

ACTEURS ET ACTRICES
CHANTANTS DANS LES CHŒURS.

CÔTÉ DU ROI.		CÔTÉ DE LA REINE.	
Mesdemoiselles.	*Messieurs.*	*Mesdemoiselles.*	*Messieurs.*
Dubuisson.	Cailteau.	Chateauvieux	Candeille.
	Héri.	d'Agée.	Vatelin.
Dauterive.	Lagier.		Tourcati.
	Martin.	Desrosières.	Capoi.
Veron.	le Grand.	Chenais.	Ghuiot.
Garrus.	Boi.		Jacquier.
	Huet.	Demerey.	Lothe.
Dussée.	Itasse.	Thaunat.	Méon.
Desivri.	Parant.		Cleret.
	Jouve.	Constance.	Tacusset.
Rouxelin.	Jalaguier.	St. Aubin.	Baillon.
	Moulin.		de Lori.
Sanctus.		Laurence.	Fagnan.
Prevost.		du Montier.	
Dervilliers.			

ACTEURS CHANTANTS.

L'AMOUR, Mᶦˡᵉ. Beaumenil.

ARCAS, *vieux Berger*, Mʳ. Durand.

IPHIS, *jeune Berger indifférent*, Mʳ. Laînés.

DORIS, *jeune Bergère indifferente*, Mᶦˡᵉ. La Guerre.

BERGERS & BERGERES,

La Scêne est dans un Hameau de la vallée de Tempè.

PERSONNAGES DANSANTS.

BERGERS et BERGÈRES.

M. GARDEL, Mlle. ALLARD.

M. MARCADET, Mlle. PESLIN.

M. MALTER, Mlle. ASSSELIN.

CORIPHÉES.

M^{rs}. Barré , Olivier.
Mlles. Lemaire , Victoire.

M^{rs}. Largilliere, Hennequin c. , le Roi 1., Duffet,
Pladix , Giguet.

Mlles. Efther, Mulaire, Durville, Tifte, Courtois,
Baudouin.

LA FORTUNE.

Mlle. LE HOUX.

SUIVANS DE LA FORTUNE.

M. GARDEL j.

M^{rs}. du Chaifne, Petit, Simonet, le Bel, Aubri,
Lieffe, Dupré, des Bordes.

LA BERGERIE.

SCÊNE PREMIÈRE.

L'AMOUR.

AIR.

VEngeons-nous, vengeons-nous des infenfibles
cœurs,
Ne ceffons point de leur faire la guerre;
Tout doit fentir mes traits vainqueurs,
J'en ai bleffé le maître du tonnerre.
Dans ces lieux confacrés aux foupirs, aux langueurs,
J'ai vu le jeune Iphis dédaignant mes faveurs,
N'entretenir une aimable bergère,
Que du chant des oifeaux & de l'émail des fleurs :
Ah ! leur indifférence excite ma colère :

Avant la fin du jour
Ils parleront d'amour.

Vengeons-nous, vengeons-nous des infenfibles cœurs,
Ne ceffons point de leur faire la guerre ;
Tout doit fentir mes traits vainqueurs,
J'en ai bleffé le maître du tonnerre.

(L'Amour fort apperçevant Arcas.

SCÊNE II.

ARCAS, cherchant l'Amour, & l'ayant reconnu.

Venez, heureux bergers, accourez à ma voix ;
L'Amour habite dans nos bois.

SCÊNE III.

ARCAS, BERGERS & BERGERES.
CHŒUR des BERGERS.

L'Amour dans ce bocage ?

ARCAS.

Armé de fes traits éclatans,
Je l'ai vu fortir d'un nuage ;
Cherchez tous à l'envi, ne perdez point de tems,
Préfentez lui vos cœurs, rendez lui votre hommage.

LE *CHŒUR.*

LE *CHŒUR*, *pendant lequel* IPHIS *&* DORIS
arrivent.

Cherchons tous à l'envi, ne perdons point de tems,
Préfentons lui nos cœurs, rendons lui notre hommage.
(*Les Bergers fortent en chantant pour aller
chercher l'*AMOUR.)

SCÊNE IV.
ARCAS, IPHIS, DORIS.
ARCAS.
AIR.

HEureux, qui de l'amour fent les aimables traits !
Aux yeux d'un berger qui foupire,
Le jour femble avoir plus d'attraits ;
Ce qu'il voit, ce qu'il fent, l'air même qu'il refpire,
Tout lui paroît changé, dans cet heureux délire.
Il goûte cent plaifirs divers ;
L'amour pour les amans forme un autre univers.
(*S'adreffant à* IPHIS *&* à DORIS.)
Jeunes bergers, vous feuls dans ce féjour,
Du dieu le plus charmant méprifez la puiffance ;
De votre indifférence
Il faura vous punir un jour :
Vous offenfez l'amour,
Redoutez fa vengeance.

B

SCÊNE V.

DORIS, IPHIS.

DORIS.

LEs plaisirs de l'amour ont-ils donc tant de charmes?
J'ai vu des bergers amoureux
Se plaindre dans nos bois, & répandre des larmes.

IPHIS.

J'en ai vu quelquefois d'heureux.

AIR.

Tircis a soupiré pour la jeune Climene,
Souvent aux échos de ces lieux
Il a fait répéter son amoureuse peine ;
Mais enfin, il a su fléchir cette inhumaine,
Tircis paroît jouir d'un sort digne des dieux.

DORIS.

L'amour le plus heureux est toujours un martire.
Hilas aime Philis, Hilas en est aimé,
Par les plaisirs ce nœud sembloit formé :
Mais depuis que l'amour les tient sous son empire,
Hilas se plaint, Philis soupire.

DUo.

DORIS.

Oui l'amour n'a que des rigueurs,
Sans lui mon cœur est paisible :

IPHIS.

Je renonce à ses faveurs,
Si ton cœur n'eſt pas ſenſible :

DORIS.

Méprifons ſes chaînes,

IPHIS.

Évitons ſes peines,

ENSEMBLE.

Plus heureux que les amans,
Nous vivons toujours contens,
Libres ; mais d'intelligence,
Unis par l'indifférence,
Nous rions de leurs tourmens.

DORIS.

Ne parlons plus ni d'amans, ni d'amour ;
S'ils nous rendoient heureux , s'en plaindroit- on
   toujours?

A i r.

Non, jamais ce dieu volage
Ne rira de mes ſoupirs ,
Les oiſeaux de ce bocage ,
ſavent combler mes deſirs :

Si quelquefois ſous ce feuillage
Ma voix imite leur ramage ,
Je goûte les plus doux plaiſirs.

Tandis que d'un cruel martire
Le cœur d'Iris eſt agité,
Dans ces lieux le mien reſpire
Une pure volupté.

SCÊNE VI.

IPHIS, DORIS, L'AMOUR, *caché au fond du théâtre.*

L'*A M O U R caché.*

Hélas ! hélas !

D O R I S.

Qui peut ſous ce feuillage
Former de ſi triſtes accens ?

L'*A M O U R, paroiſſant.*

Ah ! quelles peines je reſſens !

I P H I S.

Je vois un jeune enfant ſortir de ce bocage.

L'*A M O U R.*

Rien ne peut-il calmer mes cruelles douleurs ?
Où trouver des mortels qui plaignent mes malheurs ?

D O R I S.

Ne ſaurions-nous ſuſpendre vos alarmes ?

IPHIS.

Un mortel inhumain s'arme-t-il contre vous ?
Jeune étranger, n'eſt-il point parmi nous
Quelque reméde aux maux qui font couler vos larmes ?

L'AMOUR.

Vous paroiſſés attendris par mes pleurs,

AIR.

Contre un ſort rigoureux, j'eſpere que vos cœurs
        M'accorderont un ſûr afile :
        Déjà dans ce ſéjour tranquile,
Je ſens de mes ennuis adoucir les rigueurs.

IPHIS.

Attachés aux tréſors que produit la nature,
        Nous jouiſſons dans ces hameaux
        D'une vie innocente & pure :
Partagez avec nous ce fortuné repos.

IPHIS, DORIS.

ENSEMBLE.

Partagez avec nous ce fortuné repos.

(On entend une ſimphonie douce.)

L'AMOUR.

A I R.

Le sommeil sur mes yeux vient verser ses pavots,
Goûtons-en la douceur sous ce charmant ombrage :
Divin sommeil, répare mes travaux ;
Des rigueurs de mon sort dérobe-moi l'image.

(*L'Amour fait semblant de s'endormir sur un gazon, laissant à terre son arc & son carquois.*)

DORIS.

Sa douleur m'attendrit.

IPHIS.

Qu'il reste dans ces lieux,
Le tems calmera ses alarmes.

DORIS.

Ses yeux baignez de pleurs n'en ont pas moins de charmes.

(*Elle veut s'approcher de l'Amour.*)

IPHIS.

Ne troublez pas son repos précieux.

DORIS, considérant l'Amour.

D'où vient que cet enfant porte avec lui des armes ?
Voyez cet arc & ce carquois.

I P H I S.

Il perce de ſes traits les habitants des bois,
Ce ſont des jeux de ſon enfance.

D O R I S.

Sur ces oiſeaux eſſayons leur puiſſance.

IPHIS & DORIS, prenant un trait de l'AMOUR.

Dieux.... ce trait a percé mon cœur.

(Ils le jettent.)

T R I O.

I P H I S, à part.

Quel mouvement confus !

D O R I S, à part.

Quel trouble !

I P H I S.

Quelle ardeur !

E N S E M B L E.

Quel trouble vient ſaiſir mon cœur !

D O R I S.

Quelle ſubtile flamme

Coûle de veine en veine, & pénetre mon âme !

IPHIS, à *DORIS*.

Une tendre langueur....un timide embarras....
　　Je vous vois, & mon cœur foûpire :
Je voudrois vous parler....& n'ôſe vous rien dire,
Doris.... Doris.... Ah ! ne me fuyez pas.

DORIS.

　　Ne ſuivez plus mes pas ;
Laiſſez-moi vous cacher le trouble où je me livre.

(*Voulant s'en aller.*)

IPHIS la retenant.

Non, loin de vous, je ne ſaurois plus vivre,
Laiſſez-moi le plaiſir d'admirer tant d'appas.

DORIS.

Non, je dois vous cacher le trouble où je me livre,
　　Pour ſurmonter un trop fatal pouvoir,
Helas !... Iphis.... je ne dois plus vous voir.

L'AMOUR, d'un ton ironique.

Qui peut, jeunes bergers, vous cauſer tant de trouble ?

IPHIS & DORIS.

O dieux ! à ſon aſpect { ma foibleſſe } redouble !
　　　　　　　　　　　 { ma tendreſſe }

L'AMOUR.

L' *A M O U R.*

Vous femblez m'éviter ; d'où vient ce changement ?

D O R I S.

Un de vos traits, par un coup trop fenfible,
  Nous a bleffés mortellement.

L' *A M O U R , d'un ton ironique.*

O ciel ! eft-il poffible ?
(*à part.*)
  Je triomphe en ce moment.

D O R I S & I P H I S.

C'eft vous qui faites mon tourment.

L' *A M O U R.*

Ne craignez rien, ce mal n'eft point funefte,
  L'on en guérit trop aifément.

D O R I S & I P H I S.

Que faut-il faire, hélas !

L' *A M O U R.*

Vous aimer feulement,
  L'himen fera le refte.

I P H I S & D O R I S.

Dieux ! quel dangereux moment !

C

Quelle ardeur mon cœur reffent !

L' *A M O U R.*

(*à part.*)
Je triomphe en ce moment.

SCÈNE DERNIÈRE.

ARCAS, BERGERS & BERGERES, L'AMOUR,
IPHIS & DORIS.

A R C A S , aux Bergers *qui le fuivent.*

BErgers, ranimons notre zéle ;
Voici l'amour, ce dieu vainqueur ;

I P H I S & D O R I S.

L'amour !

D O R I S.

O trahifon cruelle !

L' *A M O U R.*

Redoutez moins un dieu qui fait votre bonheur.

D O R I S.

Ne puis-je éviter fa préfence ?

L' *A M O U R.*

L'amour étonne l'innocence ;

Mais l'himen fait la raffurer :
Amans, pour vous unir, il va tout préparer.

L'AMOUR.

AIR.

Pourquoi réfifter à mes armes ?
Il eft fi doux d'aimer !
Amans, fi je caufe vos larmes,
C'eft pour mieux vous enflammer.

Ne redoutez point ma victoire,
C'eft la fource de vos plaifirs ;
Rien ne peut obfcurcir ma gloire,
Elle eft jufque dans vos defirs.

CHŒUR des BERGERS.

Au dieu qui nous engage,
Rendons hommage :
Chantons le plus doux des vainqueurs,
Qu'il règne à-jamais fur nos cœurs.

ARCAS, IPHIS & DORIS.

Les plaifirs vont enchanter nos ames,
Dans ces lieux l'amour répand fes flammes ;
Doux printems,
Renaiffez dans nos champs,

Offrez tous vos charmes
Au dieu des amans :

LE *CHŒUR*.

Au Dieu qui nous engage, *&c.*

ARCAS, IPHIS & DORIS.

Loin de nous, chagrins, foupirs & larmes ;
Le fort le plus heureux
Vient remplir tous nos vœux,
Nos beaux jours
Vont couler fans alarmes ;
L'amour va nous apprendre à nous aimer toujours.

LE *CHŒUR.*

Au dieu qui nous engage, *&c.*

(On danfe.)

DORIS.

Si de l'amour vous méprifez l'empire,
Songez, amans, qu'il vient de fe venger :
Suivons fes loix ; s'il nous infpire,
Nos cœurs font faits pour lui céder.

Lorfque ce dieu malin nous bleffe,
Ce n'eft pas pour nous punir ;
Sa colère eft une adreffe,
Pour mieux nous conduire au plaifir.

(On danfe.)

IPHIS.

Tendre amour,
Dans ce beau féjour,
Déformais viens fixer ta cour.
Tes ardeurs,
Tes langueurs,
Charmeront toujours nos cœurs.

Nos forêts
Chantent tes bienfaits ;
Leurs attraits
Pour nos cœurs font faits ;
Quand tes flammes
Brûlent nos ames,
Nous n'en guériffons jamais.

Tendre amour, *&c.*

L'univers
Renaît dans tes fers ;
Il languit fi tu ne l'enflammes ;
Un cœur ne devient heureux,
Que de l'inftant qu'il fent tes feux.
Dieu charmant,
Quel enchantement !

Tous les biens
Sont dans tes liens.

Tendre amour, &c.

(*On danse.*)

(*La Fortune paroît avec une suite magnifique ;
elle cherche à éblouir les* BERGERS *, une seule*
BERGÈRE *se laisse séduire ; son amant en est
furieux , il emploie tout pour la ramener ;
mais elle le dédaigne : il sort désespéré. Les*
BERGERS *reprochent à la* BERGÈRE *son in-
constance , & se rient de ses riches ornemens ;
elle est honteuse à leur vue ; & s'appercevant que
les richesses ne font pas son bonheur ; elle jette
ses parures avec mépris, & se réunit aux* BER-
GERS *, qui en montrent la plus grande joie ;
son amant revient & lui pardonne ; la Fortune
irritée de son peu de succès les abandonne.*
LES BERGERS *contens , continuent leurs danses.*

FIN DE LA PREMIÈRE ENTRÉE.

LA CHEVALERIE.

DEUXIEME ENTRÉE.

ACTEURS CHANTANTS

ROGER, *Prince descendu d'Hector, & père
de* MARPHISE, *surnommé par Charlemagne,
Chevalier sans Pair,* M. Gélin.
MARPHISE, *fille de* ROGER,
& amante de LÉON, *déguisée
sous les traits de* FERRAGUS,
Prince de Castille, Mlle. Duplant.
LÉON, *fils de Constantin,
Empereur de Gréce, & amant
de* MARPHISE, M. l'Arrivée.
MELISSE, *fameuse enchan-
teresse, amie de* MARPHISE, Mlle. Durancy.
CHEVALIERS *François, de la Suite de* ROGER.
CHEVALIERS *Grecs, de la Suite de* LÉON.

La Scéne est aux environs de Paris.

D

PERSONNAGES DANSANTS.

JUGES DU CAMP.

Mrs. Aubri, Lieffe, Le Roi, 1er.

LE PERE.

M. Despréaux.

CHEVALIERS.

M. Vestris, Mlle. Heinel.

CORIPHÉES.

Mrs. Abraham, le Doux, le Breton, Rufflet.

DAMES.

Mlles. Delfevre, du Bois, Thévenet, Saulnier,

Mrs. Duchaîne, Petit, Rivet, Simonet, Dangui,
Balderoni, le Bel, Laval.

DAMES DE LA COUR.

Mlles. Martin, Jonveau, Dupin, Duparc, Felmée,
Laury, le Houx, la Blottiere.

LA CHEVALERIE.

DEUXIEME ENTRÉE.

Le Théâtre repréſente une Forêt ; le Palais de ROGER eſt à côté.

SCÊNE PREMIERE.

MARPHISE *déguiſée ſous la figure de* FERRAGUS, *Prince de Caſtille.*

TENDRE amour, ſeconde mes vœux,
Et pardonne à mon cœur une épreuve cruelle
Qui doit rendre un inſtant mon amant malheureux,
   Si les tourmens ſerrent tes nœuds,
   Notre chaîne en ſera plus belle :
   Tendre amour ſeconde mes vœux,

D ij

C'eſt pour la gloire de tes feux ,
Que je veux rendre un cœur plus tendre & plus fidèle.

SCÊNE II.

MARPHISE, ROGER.

ROGER, à MARPHISE.

DE ce caſque enchanté ,
J'admire la puiſſance :
La voix, les traits, tout juſqu'à la fierté ,
Du Prince de Caſtille offre en vous l'apparence.
Bientôt, ma fille, avec cet art trompeur ,
Du fils de Conſtantin vous connoîtrés le cœur.

MARPHISE.

La ſavante Meliſſe
A commencé cet artifice :
Mais c'eſt à vous, Seigneur ,
D'achever un projet d'où dépend mon bonheur.

ROGER.

J'attends ici Léon.

MARPHISE.

Je le vois qui s'avance. . . . . . .

R O G E R.

Allés, fur votre amour foyez en affurance.

SCÊNE III.

R O G E R , L É O N.

L É O N.

PUis-je enfin me flatter, Seigneur,
D'obtenir la beauté dont mon ame eft éprife ?
Ne différés plus mon bonheur ;
L'amour & la valeur
Vous demandent Marphife.
Quel trifte accueil ? o ciel ! qu'il alarme mon cœur!

R O G E R.

Vous offrés à ma fille , avec votre tendreffe,
L'empire de la Grèce ;
Votre rang , votre amour , tout doit remplir vos
vœux :
Mais, Prince, faut-il vous le dire ?
Lorfqu'à votre bonheur je fuis prêt de foufcrire ,
Ferragus vient ici pour en rompre les nœuds.

L É O N.

Ferragus ! mais.... quand vous favorifés mes feux ,
Qu'ai-je à craindre de fa préfence ?

R O G E R.

Ce guerrier furieux, jaloux
De vous voir obtenir fur lui la préférence,
Les armes à la main, veut l'emporter fur vous.

L É O N.

Sur moi ! Ciel ! la fureur de mon ame s'empare.
Ce rival en courroux
Déclare ici la guerre à mes vœux les plus doux ?
Ah ! c'eft-moi qui la lui déclare ;
Qu'il paroîffe en ces lieux :
Si ce rival ofe à mes yeux ;
Me difputer le bien que le Ciel me prépare,
Son téméraire amour
Lui coutera le jour.

R O G E R.

Songés que ce guerrier, eft un guerrier terrible.

L É O N.

Son bras jufqu'à ce jour a trouvé tout poffible :
Mais malgré la valeur dont il eft animé,
Il n'eft pas invincible
Pour un amant aimé.

R O G E R.

Pour éternifer votre gloire,
Couronnés votre front d'une double victoire :

Il faut remporter en ce jour
Le prix de la valeur, & celui de l'amour.

SCÈNE IV.

LÉON.

A i r.

R Edoutable dieu des armes,
Je me livre à ta fureur :
 Tes alarmes
 Ont des charmes
Pour un intrépide cœur.
Fier rival, tremble toi-même :
Animé par ce que j'aime,
Tout doit craindre ma valeur.

Tendre espoir, brillante gloire,
Vous m'animés tour-à-tour,
Vous m'offrés dans ce grand jour
Les lauriers de la victoire,
Et les mirthes de l'amour.

❧❧❧❧❧❧❧❧❧❧❧❧❧❧❧❧❧❧❧❧❧

SCÈNE V.

LÉON, MARPHISE, *déguisée sous les traits de* FERRAGUS *;* ROGER *caché, les écoute.*

MARPHISE.

Chevalier, est-ce toi, qui de Marphise épris,
Prétens me disputer cette illustre Princesse ?

LÉON.

En serois-tu surpris !

            (*Montrant son épée.*)

J'ai juré sur ce fer de l'adorer sans cesse :
Qui voudra m'enlever le prix de ma tendresse,
Pourra se repentir de l'avoir entrepris.

MARPHISE.

Je vais cependant l'entreprendre.
A revoir ses attraits, cesse enfin de prétendre :
Un rival, quelqu'il soit, doit toujours alarmer ;
    Marphise aime à t'entendre,
Tu lui parles d'amour ; tu pourrois la charmer,
    Et c'est-moi qu'elle doit aimer.

              LÉON.

L É O N.

Si fa bouche elle - même
Ne dicte cet arrêt fuprême,
Je la fuivrai jufqu'au trépas.

M A R P H I S E.

Connois - tu Ferragus?

L É O N.

Des exploits de fon bras,
J'entens vanter la gloire extrême :
Mais , fut - ce le dieu des combats,
Défendant ce que j'aime,
Je ne le craindrois pas.

D u o.

M A R P H I S E,

Céde-moi ; qu'il fuffife à ta gloire
Que Ferragus foit ton rival.

L É O N.

Je n'en croirai que la victoire,
Voilà pour nous l'arrêt fatal.

M A R P H I S E.

J'admire ton courage,
Mais je plains ton fort.

E

L É O N.

Cèsse ce fier langage,
Viens recevoir la mort.

<table>
<tr><td>

MARPHISE, à part.

La flamme qui l'anime ;
Est un effort sublime
D'amour & de valeur.

à LEON.

Tremble, ma haine est implacable :
De mon bras redoutable,
Crains la juste fureur.

</td><td>

L É O N, à part.

La flamme qui m'anime,
Par un effort sublime
Redouble ma valeur.

à MARPHISE.

Tremble, l'amour m'est favorable
Ta perte inévitable
Vengera mon ardeur.

</td></tr>
</table>

M A R P H I S E.

Jeune, peut-être valeureux,
Tu crois dans ton audace
Que pour vaincre, il suffit que l'on soit amoureux ;
Poursuis, je te fais grace.

L É O N, *en colère.*

Ciel !

M A R P H I S E.

Ne t'expose point à mon courroux fatal ;
Le combat entre nous seroit trop inégal.

L É O N, *tirant son épée.*

Il faut punir ton insolence,
Et t'imposer un éternel silence.

SCÈNE VI.

ROGER, CHEVALIERS, MARPHISE, & LÉON.

ROGER, *séparant les combattans.*

Arrêtés, c'est au champ de Mars
Qu'il faut que votre valeur brille :
Ces Chevaliers, venus de toutes parts,
Jugeront qui des deux doit posséder ma fille,
Elle laisse à la gloire à soumettre son cœur :
Songés que son himen est le prix du vainqueur.

CHŒUR *de Chevaliers.*

Venés dignes guerriers disputer la victoire ;
Le prix en est noble & flatteur :
L'amour s'unit à la gloire,
Pour animer votre valeur.

(On entend une Marche, pendant laquelle les
Chevaliers sortent, ayant à leur tête
Marphise & Léon.)

E ij

SCÈNE VII.

ROGER, *seul.*

D'Où vient que malgré-moi,
Au moment du combat, je reſſens de l'effroi ?
Ce combat à mes yeux coûteroit-il des larmes ?
Grands dieux ! au champ de Mars rendons - nous
promptement.

SCENE VIII.

ROGER, MELISSE.
MELISSE.

NOn, Roger, demeurez & ſoyés ſans alarmes ;
Vous connoîtrés dans un moment
Le pouvoir de mes charmes.

ROGER.

Ma crainte ne ſauroit ſe cacher à vos yeux.
Malgré votre art ſublime,
Je crains un amant furieux :
Un héros que l'amour anime,
Eſt auſſi puiſſant que les dieux.

MELISSE.

Je fais à mes accents, obéir le ciel même ;
Tout eſt ſoûmis à mon pouvoir ſuprême :
Calmés votre frayeur ; non, rien dans l'univers,
Ne peut vaincre l'amour armé par les enfers.

CHŒUR de CHEVALIERS, *derriere le Théâtre.*

Ah ! quelle gloire !
Ferragus eſt vainqueur :
Célébrons ſa victoire.

MELISSE.

Vous l'entendés, Seigneur,
Au pouvoir de mon art, rendés plus de juſtice.

ROGER.

Que ne vous dois-je point, ô puiſſante Meliſſe !

MELISSE.

Léon vient en ces lieux :
Pour connoître ſon cœur, cachons-nous à ſes yeux.

SCÊNE IX.

L É O N , furieux.

ENnemis de ma gloire, ennemis de ma flamme ;
Dieux cruels, de quels maux accablés - vous mon
    ame !
Mon cœur est déchiré dans ce funeste jour,
    Et par la honte & par l'amour.
    Je suis vaincu, puis-je le croire ;
     Juste ciel ! ô douleur !
    De quoi m'a servi ma valeur ?

A I R.

Le destin contre moi se déclare ;
     Je perds sans retour
     L'objet de mon amour ;
   Pour jamais on nous sépare,
   C'est l'arrêt du sort barbare :
Je ne dois plus voir le jour.

    Quelle douleur amère
    S'empare de mon cœur !
    Exauce ma prière :
O mort, viens finir mon malheur.

Le destin, *&c.*

SCENE X.

LÉON, MARPHISE, *déguisée, & tenant*
l'épée de LÉON.

MARPHISE.

LÉon, adoucis tes alarmes,
Tu ne connois pas ton vainqueur.
Sans honte, un fier guerrier peut me rendre les armes;
Il n'en aura pas moins d'éclat & de valeur.

LÉON, *à part.*

D'un fatal ennemi, trop superbe langage !

(*à* MARPHISE.)

Cruel, à mes malheurs n'ajoute point l'outrage,
Épargne-moi ces fiers discours,
Ou, dispose en vainqueur du reste de mes jours.

MARPHISE.

Ne me reproche point une foible victoire
Qui met en mon pouvoir l'objet de ton ardeur,
Je ne te ravis point son cœur :
L'amour est jaloux de ma gloire :
Je triomphe, & c'est-toi que ce dieu rend vainqueur.

L É O N.

A i r.

Vainqueur trop malheureux ! gloire triſte & barbare !
O mort ! briſe mes fers ;
C'eſt envain que pour moi Marphiſe ſe déclare,
J'en ſuis aimé, mais, hélas ! je la perds.

M A R P H I S E.

J'admire ton amour, j'admire ton courage ;
Touché d'une ſi tendre ardeur,
Je veux en ſa faveur
Faire un effort ſuprême :
Je veux rendre à Léon la Princeſſe qu'il aime.

L É O N.

Qu'entens-je ! o ciel ! quel ſeroit mon bonheur !

M A R P H I S E.

Puis-je compter ſur ta reconnoiſſance ?

L É O N,

Ah ! tu verras ſous ta puiſſance
Mon bras, ma fortune, & mon cœur.

M A R P H I S E.

C'en eſt trop, cher Léon, jouis de ta tendreſſe ;
(*ôtant ſon caſque.*)
Je ne veux que ton cœur, je te rends ta maîtreſſe.

LÉON.

L É O N.

Que vois-je ? jufte ciel ! eft-ce un enchantement ?

M A R P H I S E.

Le fujet de tes maux n'eft qu'un déguifement.

D u o.

M A R P H I S E.

Oui, c'eft toi feul que j'aime,
Toi feul fais mon bonheur.

L É O N.

O volupté fuprême !
Dieux ! quel deftin flatteur !

M A R P H I S E.

Je voulois éprouver ta flamme,
Et mon cœur eft fatisfait.

L É O N.

Oui, l'amour qui nourrit mon ame ;
Fut toujours tendre & parfait.

MARPHISE.	*LÉON.*
Ah! pardonne à ma foibleffe ;	Toujours plein de ma tendreffe,
J'ai pû caufer ta trifteffe ;	Même au fein de ma trifteffe
Mais mon cœur eft fatisfait.	Mon amour étoit parfait.

F

ENSEMBLE.

Puiffant amour viens enchaîner nos ames,
Cèffe à jamais de caufer nos douleurs;
Remplis nos cœurs de tes plus vives flammes,
Qui mieux que nous mérita tes faveurs.

SCÈNE DERNIERE.

LÉON, MARPHISE, MELISSE & ROGER.

MELISSE.

QUe dans ce lieu rustique
Paroisse un cirque magnifique.

(*Le Théâtre change.*)
(*à LÉON.*)

Nous avons causé vos douleurs ;
Mais l'amour va tarir vos pleurs.

LE *CHŒUR.*

Pour chanter la Gloire & Bellonne,
La trompette éclate au bruit des tambours ;
Dans ces lieux il faut qu'elle sonne,
Pour chanter l'aimable dieu des amours.

MELISSE.

Fiers guerriers,
Cueillés des lauriers :

L'enfant de Cythère au retour vous couronne,
Après mille combats affreux.
Dans les bras de Vénus, Mars devient heureux,

L E C H Œ U R.

Pour chanter la Gloire & Bellonne,
La trompette éclate au bruit des tambours,
Dans ces lieux il faut quelle fonne,
Pour chanter l'aimable dieu des amours.

Le sujet du Ballet repréfente un T O U R N O I S.

LA FÉÉRIE.

BALLET-HÉROÏQUE EN UN ACTE.

TROISIEME ENTRÉE.

ACTEURS CHANTANS.

DÉMOGORGON, *roi des*
 Fées, amoureux d'Églantine, Mr. Legros.
LOGISTILLE, *premiere Fée,* Mlle. Bourgeois.
ÉGLANTINE, *jeune princesse,*
 élevée parmi les Fées, Mlle. Beauménil.
GÉNIES & FÉES.

La Scêne est dans les jardins enchantés du Palais
de DÉMOGORGON.

G

PERSONNAGES DANSANTS.

PREMIER DIVERTISSEMENT.

FÉES.

Mlle. LE CLERC.

Mlles. Martin, Jonveau, le Houx, la Blottiere, Belletour, du Mesnil, le Blanc, Dauvilliers.

DEUXIÈME DIVERTISSEMENT.

L'AMOUR.

Mlle. ASSELIN.

AMANTS HEUREUX.

M. GARDEL, l.

M. VESTRIS. Mlle. GUIMARD.

M. VESTRIS, f. Mlle. DORIVAL.

CORIPHÉES.

Mrs Abraham, le Doux, le Breton, le Bel, Barré.

Mlles. Delfevre, Dubois, le Maire, Victoire, Michelot.

M^{rs}. Doffion, Hennequin, l., Rufflet, Guillet, Olivier, Cafter, Laval, Desbordes.

Mlles. Saulnier, Dupin, Mulaire, Dumont, Tifte, Durville, Efther, Courtois.

LA FÉERIE,

Le théâtre repréſente les jardins enchantés du palais de DÉMOGORGON ; la Fée principale y paroît au milieu des plus belles Fées.

SCÉNE PREMIERE.

LOGISTILLE, FÉE *principale*, & FÉES.

LOGISTILLE, aux FÉES.

ENFIN, voici le jour,
Où le monarque heureux de ce brillant empire,
Va faire éclater ſon amour
Aux yeux de la beauté pour qui ſon cœur ſoupire ;
Élevée en ces lieux, fermés de toutes parts,
Aucun mortel encor n'a frappé ſes regards.

ALTERNATIVEMENT avec le CHŒUR.

Nous préparons au roi l'himen le plus paiſible ;
L'objet qu'il veut toucher ne connoît point d'amant :

G ij

Il fera le premier qui le rendra fenſible ;
C'eſt un plaiſir rare & charmant.

LOGISTILLE, aux Fées

Églantine paroît.... continués vos jeux :
Le roi, pour l'éprouver, doit ſe rendre en ces lieux.

(On danſe.)

SCÊNE II.

ÉGLANTINE & LOGISTILLE.

(Pendant que les autres Fées *danſent autour d'*Églantine, *le* Chœur *chante.)*

LE CHŒUR.

Dans ces lieux toujours chéris ;
Les jeux & les ris
Ont fixé leur empire :
Nous rions d'un vain délire,
C'eſt la paix qui nous inſpire :
L'innocence des deſirs
En a ſu régler les plus doux plaiſirs.

ÉGLANTINE.

Ceſſés vos jeux, charmantes ſœurs,
Mon cœur trop agité, n'en ſent plus les douceurs.

LA FÉE.

Dans ce riant afile,
Qui peut troubler la paix de votre fort tranquile ?

ÉGLANTINE.

Un fonge trop flatteur, dont mes fens font épris,
Occupe feul tous mes efprits.

AIR.

Dans un bocage fombre
Je cédois un moment aux douceurs du fommeil ;
Un objet inconnu, dans un noble appareil,
Eft venu près de moi fe repofer à l'ombre ;
Il avoit fur fon front la majefté des dieux :
Un feu doux & perçant brilloit dans fes beaux yeux,
Sa voix tendre & touchante
Exprimoit des difcours dont la douceur enchante :
Heureufe de l'entendre, heureufe de le voir,
Il prenoit fur mon cœur un abfolu pouvoir ;

Enfin je lui trouvois mille graces nouvelles,
Que n'ont point à mes yeux les nimphes les plus belles.

LA FÉE.

Jouiffez d'un efpoir flatteur
Le fommeil n'offre pas toujours de vains menfonges :
Les dieux nous ont fouvent préfenté par des fonges
L'image d'un prochain bonheur.

LA FÉÉRIE,

ÉGLANTINE.

AIR.

A mes yeux, cette image riante,
Ne vient plus se préfenter;
Du fommeil la douce attente
Doit fans-ceffe me flatter :
Par l'attrait de ce doux menfonge
Je goûtois des plaifirs parfaits.
Dieux puiffants, pour moi ce fonge
Eft le premier de vos bienfaits.

La grandeur m'importune,
Refpectés ma douleur :
Les faveurs de la fortune
Ne font qu'attrifter mon cœur.
Ah ! reviens image riante,
A mes yeux viens te préfenter,
Du fommeil la douce attente
Doit fans-ceffe me flatter.

(*On entend un grand bruit.*)

CHŒUR des FÉES.

Quel bruit de ce féjour interrompt le filence ?
(*Plufieurs Génies viennent enlever les Fées qui gardoient la Princeffe.*)
Ah ! quelle violence !

SCÈNE III.

DÉMOGORGON, ÉGLANTINE.

ÉGLANTINE.

DU trouble de mon cœur que dois-je preſſentir ?
De ce mirthe entr'ouvert un dieu ſemble ſortir :
O ciel ! c'eſt l'inconnu que je crois voir ſans-ceſſe.

DÉMOGORGON.

Raſſurez-vous belle princeſſe,
Je ne viens point ici pour déplaire à vos yeux :
Vous n'avez à craindre en ces lieux,
Que mon hommage & ma tendreſſe.

ÉGLANTINE.

Vous répandez partout le trouble & la frayeur.
Pour la premiere fois, ces lieux ſont pleins d'alarmes :
Sans doute un diſcours ſi flatteur
Cache un piége fatal, dont je dois fuir les charmes.

DÉMOGORGON.

Non, je n'aſpire, hélas ! qu'à toucher votre cœur.
De la plus tendre ardeur
Vous avez enchanté mon ame :

Un regard de vos yeux a fait naître ma flamme,
Un mot de votre bouche en feroit le bonheur.

ÉGLANTINE.

J'ignore un si tendre langage ;
Et je crois qu'en ces lieux on n'en fait point usage.

DÉMOGORGON.

A I R.

Si je pouvois vous enflammer ,
Vous sauriez ce langage aussi bien que moi-même.
D'un cœur qui sait aimer
L'éloquence est extrême :
Rien ne dit mieux qu'on aime ,
Que l'embarras de l'exprimer.
N'osez-vous d'un soupir flatter mon espérance ?

ÉGLANTINE.

Le respect à mon cœur impose le silence.

DÉMOGORGON.

Quel mot prononcez-vous ? & quel triste retour !
Ne connoissez vous point l'amour ?

ÉGLANTINE.

C'est encore un mistère :
Que peut-être en ces lieux on a soin de me taire.

DEMOGORGON.

DÉMOGORGON.

Le bonheur de nos jours dépend de le savoir.

EGLANTINE.

Qu'eſt-ce donc que l'amour,& quel eſt ſon pouvoir?

DÉMOGORGON.

AIR.

L'amour tient l'univers ſous ſon obéiſſance,
Tout flatte, tout enchante, où brillent ſes attraits,
　　Les graces forgent ſes traits,
　　Le plaiſir fait ſa puiſſance:
La nature languit où ce vainqueur n'eſt pas;
Ses biens comblent les vœux de tout ce qui reſpire,
La beauté, la jeuneſſe accompagnent ſes pas,
　　Le cœur eſt ſon empire.

ÉGLANTINE.

Ah! ſeriez-vous l'amour?

DÉMOGORGON.

Non, mais je ſuis l'amant
Qu'Eglantine a ſoumis à ce dieu ſi charmant.

DUO.

ÉGLANTINE.

C'eſt donc l'amour qui pour vous m'intéreſſe?
C'eſt ce dieu bienfaiſant qui vient de m'animer?

H

DÉMOGORGON.

Oui, c'eſt lui ſeul qui cauſe ma tendreſſe,
Il me rend trop heureux, s'il peut vous enflammer.

ENSEMBLE.

Comble notre eſpérance,
Dieu charmant, par ta puiſſance
Fais qu'à jamais nous puiſſions nous aimer.

EGLANTINE.

Ah! depuis qu'un ſonge agréable
A mes ſens vint offrir vos traits;
Cet azile toujours aimable
Pour mon cœur n'avoit plus d'attraits.

DÉMOGORGON.

Tendre aveu qui charme mon ame,
Rien n'égale ta volupté:
Le ſeul dieu qui nous enflamme
Peut ſentir ma félicité.

ÉGLANTINE.

Quoi! mon ardeur extrême
Pourroit vous rendre heureux!

DÉMOGORGON.

C'eſt ce bonheur ſuprême
Qui comble tous mes vœux.

(On entend un grand bruit.)

ÉGLANTINE.

Quel bruit terrible!

DÉMOGORGON.

Fuyons, s'il est est possible.
C'est Logistille, ô fatal désespoir!
Tout est soumis à son pouvoir.

SCÈNE IV.

LOGISTILLE, DÉMOGORGON, ÉGLANTINE.

LOGISTILLE.

Tremble audacieux génie,
Ta téméraire ardeur,
D'un chatiment nouveau fera bientôt punie.

ÉGLANTINE.

O ciel! pourquoi cette rigueur?
Hélas! en votre abfence,
Cet aimable génie a fû charmer mon cœur.

LA *FÉE.*

Eh! c'eft ce qui fait fon offenfe.
Vous qui rempliffez mes fouhaits,
Efprits, obéiffez à mon ordre fuprême:
Enlevés le génie, & que dans ce Palais
Il reçoive le prix de fon audace extrême.
(*Des Efprits tranfportent* DÉMOGORGON *dans
fon palais.*)

SCÊNE V.

LOGISTILLE, EGLANTINE.

EGLANTINE.

O Sort plein de rigueurs !
Cruelle , vous m'ôtés l'objet de ma tendreffe ?
Que vais-je devenir ? malheureufe princeffe !
Je fuccombe , je meurs !

(*Elle s'appuie fur un oranger.*)

LA FÉE.

Fille d'un roi puiffant , le deftin vous ordonne
De partager en ce beau jour ,
Du grand Démogorgon , l'ardeur & la couronne.
L'éclat d'une brillante cour ,
Doit l'emporter fur le charme frivole
Que promet un tendre retour.
Il faut que la grandeur confole
Des maux que fait l'amour.

EGLANTINE.

A I R.

Je fuis fidèle à ce que j'aime ,
De lui feul dépend mon bonheur ;

Non le maître du ciel même
Ne pourroit lui ravir mon cœur.
Un vain éclat peut-il me rendre
Ce que je perds dans ces momens ;
Un cœur foumis, fidèle, & tendre,
Le vrai modèle des amans.

Pourquoi faut-il qu'on nous fépare,
Ah ! laiffés-moi plûtôt mourir ;
N'efpérés pas qu'un roi barbare,
Puiffe jamais nous défunir ;
Oui cher amant, oui je m'engage
A partager ton trifte fort ;
Mon cœur rempli de ton image,
Te chérira jufqu'à la mort.

Faut-il n'aimer que pour foi-méme !
J'abhorre cette injufte loi,
Quoi ? je pourrois voir ce que j'aime
Gémir, fouffrir, mourir pour moi !
C'eft mon amour qui fait fon crime,
Seule j'ai pû vous offenfer :
Ah ! s'il vous faut une victime,
Puniffés-moi fans balancer.

(*Le Théâtre change.*)

(*D*ÉMOGORGON *paroît fur fon trône.*)

Quelle lumiere m'environne !

LA FÉE.

C'eſt le palais du roi.

ÉGLANTINE.

Mon amant m'abandonne !

LA FÉE.

Songés à plaire à votre ſouverain,
N'irrités point un roi qui vous offre ſa main.

ÉGLANTINE.

Quelque malheur qu'on puiſſe me prédire,
Du monarque offenſé quelque ſoit le courroux,
Je jure que mon cœur.....

SCÊNE VI.

DÉMOGORGON, LA FÉE, ÉGLANTINE.

DÉMOGORGON, descendu de son trône.

O Ciel! qu'allés-vous dire?

ÉGLANTINE, reconnoissant le génie.

Que mon cœur n'aimera que vous.
    Ah! seroit-il possible,
    Qu'attendri par mes pleurs,
Le roi vous céde à mes douleurs?

DÉMOGORGON.

A vos larmes il est sensible,
Il accorde tout à nos vœux;
Vous voyez ce roi généreux,
Dont l'amour tendre & fidèle,
Met sa gloire & son zèle
A rendre sa maîtresse & son rival heureux.
    Qu'une fête brillante
Annonce mon himen au bout de l'univers :
Esprits, venés offrir à l'objet qui m'enchante,
Tout ce que mon empire a de charmes divers.

SCÊNE

SCÊNE DERNIERE.

GÉNIES, FÉES, ET LES ACTEURS DE
LA SCÊNE PRÉCEDENTE.

(On danſe.)

LE *CHŒUR.*

CHantons la beauté triomphante,
Qui va régner dans ces lieux :
Que ſa gloire. eſt éclatante !
Elle a ſoumis à ſes beaux yeux,
Le roi le plus aimable, & le plus glorieux.

(On danſe)

DÉMOGORGON.

ARIETTE.

Dieu de l'Hymen, Dieu de l'Amour,
Uniſſés - vous pour votre gloire ;
Que votre accord dans ce beau jour,
Vous donne ſur les cœurs une entière victoire :
Pour rendre Univers content,
Mêlés vos flambeaux & vos armes :
L'amour en ſera plus conſtant,

I

L'Himen en aura plus de charmes.

Dieu de l'Himen, *&c.*

(*On danse.*)

É G L A N T I N E.

A I R.

Amans, pour enchaîner nos cœurs,
    Excités nos alarmes ;
L'amour cache ſes traits vainqueurs
    Souvent parmi les larmes,
Aux épreuves du ſentiment
    Notre flamme s'épure ;
De tendres pleurs font l'aliment
    D'un feu qui toujours dure.

Mais vous, ô trop légers amans,
    Dont l'ardeur eſt volage,
Choiſiſſés des cœurs inconſtants ;
    C'eſt-là votre partage.
L'amour dédaigne votre encens,
    Rit de vos ſacrifices ;
Et pour prix de vos faux ſermens,
    Vous laiſſe ſes caprices.

Amans, pour enchaîner nos cœurs, *&c.*

B A L L E T   G É N É R A L.

FIN DE LA TROISIEME ENTRÉE.

APPROBATION.

J'Ai lû, par ordre de Monseigneur le Garde des Sceaux, les *ROMANS*, *Ballet-Héroïque*, *en trois Entrées*, & je n'y ai rien trouvé qui m'ait paru devoir en empêcher l'impression. A Paris ce 4 Juillet 1776.

CREBILLON.

CATALOGUE

DES TABLEAUX

DU

MUSÉE DE NIMES

NIMES

TYPOGRAPHIE CLAVEL-BALLIVET ET Cⁱᵉ

12, rue Pradier, 12

CATALOGUE

ET

DESCRIPTION DES TABLEAUX

QUI SE TROUVENT

AU MUSÉE DE NIMES

SIGALON (Xavier), né à Uzès (Gard) en 1788, mort à Rome, le 18 août 1837.

1. *Locuste faisant l'essai d'un poison sur un esclave, en présence de Narcisse, affranchi de Néron.*

(*Voir* à la fin du volume la *Notice sur Sigalon.*)

Ce tableau, œuvre grandiose et terrible, avait rempli tout Paris d'admiration, à l'exposition de 1824. Il nous transporte à Rome, non cette cité naissante, aux mœurs austères, aux vertus sublimes, mais Rome à son déclin, Rome sous Néron, dans ce siècle de raffinement où l'on jetait les esclaves dans les rivières pour engraisser les murènes. Tout le caractère d'un peuple saturé de vices est écrit sur le front de Narcisse, ce confident de Néron, qui vient demander à la sorcière Locuste un poison prompt et sûr que l'empereur destine à son frère Britannicus.

Narcisse observe avec une attention parfaitement calme l'effet du breuvage sur un esclave agonisant.

Ce tableau, sans contredit le plus remarquable du Musée de Nimes, réunit tous les genres de perfection : composition , dessin , couleur , élégance, vigueur, naturel, idéal.

Le peintre fut inspiré pendant une représentation de *Britannicus*, en écoutant ces vers de Narcisse à Néron :

Seigneur, j'ai tout prévu : pour une mort si juste ,
Le poison est tout prêt ; la fameuse Locuste
A redoublé pour moi ses soins officieux.
Elle a fait expirer un esclave à mes yeux ,
Et le fer est moins prompt pour trancher une vie
Que le nouveau poison que sa main me confie.

DELAROCHE Paul.

2. *Cromwell ouvrant le cercueil de Charles Ier.*

Ce tableau, donné au Musée par le gouvernement, fut un des plus beaux ornements du Salon de 1831 et l'une des productions de Paul Delaroche qui lui ont valu le plus de succès.

« Par une fiction ingénieuse qui pourrait avoir été une réalité historique, dit un auteur moderne, l'artiste a réuni deux hommes : Olivier Cromwell, qui sera bientôt le protecteur de la république anglaise, et Charles Iᵉʳ d'Angleterre dans son cercueil, Charles Iᵉʳ dont le tronc et la tête ont été rapprochés par des mains pieuses et fidèles ; Cromwell, qui va commencer un mouvement intellectuel et religieux dont il est le rude instrument, et Charles Iᵉʳ, qui ensevelit dans sa bière une dynastie que Charles II et Jacques II commenceront en vain à refaire. Sur ces traits livides, cette figure maigrie, on distingue encore l'homme comme il faut, l'homme de famille, l'homme d'esprit, et aussi le roi infatué du pouvoir, s'obstinant à identifier en lui la dignité et la force. Portez subitement les yeux sur la figure de Cromwell, et jugez du contraste qui ne se trouve pas seulement entre la mort et la vie, mais aussi dans le caractère moral que le peintre a saisi d'une manière admirable.

» Le reste du tableau n'a pas besoin de commentaires : ce demi-jour.... ce silence... cette tête morte, qui vit et qui pense, cette auréole de royauté qui l'entoure... ; et puis cette main gantelée de Cromwell, qui lève avec respect le couvercle du cercueil ; ce regard qui semble vouloir recueillir l'avenir sur les lèvres d'un mort ; ce costume grossier, ce corps trapu, cette main qui s'appuie sur une canne à côté du pommeau de l'épée... Il n'y a plus rien à dire sur un tableau

si simple, mais il y a encore beaucoup à admirer
dans cette page sublime. »

H. LANOUE.

3.   *Le Pont du Gard.*

La vue en est prise du côté du couchant : le
premier plan représente les rochers que le Gardon
laisse à découvert pendant la plus grande partie de
l'année.

FLANDRIN Paul.

4.   *Intérieur de Forêts.*

Ce tableau a été donné par le gouvernement à
la suite de l'exposition de 1850 à Paris, où il a
valu à l'auteur les plus grands éloges.

VERDIER.

5.   *L'Homme entre deux âges.*

Ce sujet, tiré d'une fable de la Fontaine, est
peint avec une heureuse harmonie de tons et une
grande finesse de coloris.
Il a été donné par le gouvernement, en 1852.

Mme APOIL.

6.   *Tableau de Fleurs.*

Des roses trémières et des fruits sont artistement groupés au milieu des pampres d'automne. Cette toile a été donnée par le gouvernement, en 1852, à la suite de l'exposition du Salon national.

VATELET.

7.   *Paysage.*

Cette vue représente probablement un souvenir des Alpes. Il fut donné par le gouvernement en 1852.

PARROCEL Pierre, peintre d'histoire et graveur, membre de l'Académie, né à Avignon en 1670, mort à Paris en 1739.

8.   *L'Immaculée Conception.*

La Vierge, entourée d'anges, monte au ciel, où elle est reçue par Dieu le Père. Ce tableau était dans l'ancienne église Saint-Paul.

GENDRON.

9.   *Un Sacrifice chez les Druides.*

Une druidesse sacrifie un jeune enfant, tandis
que ses compagnes se livrent à des rites mystérieux
et funèbres. Ce tableau a été donné par le gouvernement, en 1850.

JANRON, de Marseille.

10.   *Bains de Bormette, à Hyères.*

Propriété d'Horace Vernet.

CORNEILLE Jean-Baptiste, né à Paris en
1646, mort en 1695. Il se distingua dans
la peinture, et fut, comme son frère **Michel**, professeur de l'Académie.

11. *Sainte Geneviève de Paris priant pour
les Pestiférés.*

On voit, sur le premier plan, des malades et un
enfant mort. Sainte Geneviève, à genoux, un
cierge à la main, implore la puissance divine en
faveur de la ville de Paris qu'on voit dans le
fond.

La Religion vient consoler les malades, et l'archange saint Michel, armé d'un glaive et d'un bouclier, chasse le Génie malfaisant de la peste.

SMITH, peintre français.

12.   *Le Songe d'Athalie.*

Ce tableau, dont le sujet est tiré du second acte de la tragédie d'*Athalie*, par Racine, représente une femme nue couchée sur un lit richement sculpté et couvert de belles draperies. Elle est en proie aux tortures du plus affreux cauchemar : un enfant, armé d'un poignard, est debout devant elle, prêt à frapper. Dans le fond du tableau, on aperçoit la reine Jézabel, dont les chiens dévorants déchirent les vêtements.

VIANI François de Sienne (Ecole de Venise).

13.   *Une Vision de saint François.*

Le Saint est à genoux et prêt à rendre son âme à Dieu ; il voit le ciel ouvert, des anges lui apparaissent et forment un concert.

CALLET Apolidore, élève de DAVID Jacques-Louis (Ecole française.)

14. *La Condamnation de Séjan, favori de Tibère.*

Séjan est sur le point d'arriver à la suprême puissance, par l'adoption de Tibère, lorsque celui-ci apprend que son favori a formé le projet de le détrôner. L'empereur donne immédiatement au sénat l'ordre de mettre Séjan en jugement. C'est dans le moment où celui-ci monte les premières marches du trône que le licteur le saisit. On jette à ses pied un billet portant ces mots : *Séjanus morti condamnatus.* Séjan est surpris, les conjurés l'abandonnent, les témoins le dénoncent, et Macron, qui devait lui succéder bientôt comme commandant des gardes prétoriennes, lui lit la sentence d'après laquelle il fut étranglé en prison, le 18 octobre de l'an 31 de Jésus-Christ.

JOANNES Vicente, peintre espagnol distingué, né en 1523, mort en 1579.

15.   *Une Vision de saint François.*

Le Saint est à genoux ; un ange lui apparaît et lui montre le ciel. Après avoir foulé aux pieds ses trésors, il se dépouille d'un anneau, dont il paraît faire aussi le sacrifice.

Ce tableau porte **tout** le caractère de l'école italienne.

CARRACHE.

16.   *Une Samaritaine.*

VAN-KESSEL, né à Anvers, 1626
(Ecole flamande.)

17. *Daniel dans la Fosse aux lions.*

Au milieu de ces animaux, Daniel implore la puissance divine.

GUIDO-RENI (dit le *Guide*), né à Bologne en 1675, mort en 1742 (Ecole bolonaise).

18. *Sainte Magdelaine.*

Deux anges viennent la consoler dans sa retraite.

COLIN Antoine, ancien directeur de l'Ecole de dessin de Nimes, domicilié à Paris.

19. *François Ier visitant les monuments de Nimes.*

Ce fut en 1533 que ce monarque honora la ville de Nimes de sa présence et visita tous ses monuments avec une attention particulière. M. Colin a choisi, pour sujet de son tableau, l'instant où François Ier, un genou en terre, sur le péristyle de la Maison-Carrée, nettoya lui-même avec son mouchoir, la poussière qui couvrait les lettres d'une inscription romaine, afin de la lire avec plus de facilité. Il paraît indigné du peu de soin qu'on apportait à les conserver, et, dans l'attitude où il est représenté, il témoigne publiquement le déplaisir qu'il ressent de cette négligence. (Ce tableau vient d'être transporté à la mairie pour servir de décoration à l'une des salles).

VIGNAUD jeune, de Nimes, ancien directeur de l'Ecole de dessin, mort en **1825**.

20. *La Mort de saint Bruno, fondateur des Chartreux* (Copie d'après LESUEUR.)

CALABRESI Matia-Preti, dit *Il Cavaliere*, né à Taverne, en Calabre, en **1643**; mort à Malte, en 1699 (Elève de LANFRANC.)

21. *Jésus expliquant les prophéties aux Docteurs de la loi.*

« Joseph et Marie, qui cherchaient Jésus, le trouvèrent dans le temple, au milieu des docteurs de la loi, les écoutant et leur adressant des questions; et tous ceux qui l'entouraient furent ravis de sa grâce et de ses réponses. » (Saint Luc, II.)

VIEN Joseph-Marie, né à Montpellier le 18 juin 1716, mort à Paris le 27 mars 1809, élève de GIRAL et de NATOIRE, maître de DAVID et de plusieurs autres grands peintres.

22. *Jésus-Christ crucifié.*

GAROFALO Benvenuto - Tisio - Da, né en 1481, mort en 1559 (Ecole ferraraise.)

23. *La Vierge à la Chaise.*

La Vierge est assise sur une chaise curule; elle soutient l'enfant Jésus qui remet à saint Pierre les clés du paradis.

VERNET Joseph, né à Avignon en 1714, mort à Paris en 1789.

24. *Marine.*

Vue prise aux environs de Naples (Ebauche).

NETSCHER Gaspard, peintre allemand, né à Prague en 1639, mort en 1687.

25. *Portrait.*

C'est celui d'un prince d'Orange.

SALVATOR-ROSA, né à Naples en 1615,
mort en 1676 (Ecole napolitaine.)

26.   *Paysage.*

Vue d'un monument en ruines, dans la Romagne.

VAN-LOO Charles-André, surnommé *Carle,*
né à Aix en 1705, mort à Paris en1765.

27.   *Portrait.*

C'est celui de la mère du peintre.

28.   *Portrait.*

C'est celui du peintre lui-même.

VAN-DICK Antonin, né à Anvers en 1599,
mort à Londres en 1641.

29.   *Portrait.*

C'est celui d'un maréchal de France sous
Louis XIII.

BOUCHER, peintre français du xviiie siècle.

30.   *Paysage.*

Jardinier causant avec une femme près d'un moulin.

LARGILLIÈRE Nicolas, né à Paris en 1656, mort en 1746.

31. *Portrait du Maréchal de Villars.*

JOUVENET Jean, né à Rouen en 1644, mort à Paris, le 5 avril 1717.

32. *Mort du grand dauphin de France.*

Ebauche d'une belle composition.

BARBIER (de Nimes.)

33. *Tête d'étude.*

ROUJOUX Justin, de Nimes, mort à l'âge de 25 ans.

34. *Vaches dans une prairie.*

(Copie d'après Paul POTTER.)

Trois vaches sont au pâturage dans une prairie de la Hollande ; deux sont debout, l'autre est couchée et rumine pendant qu'elle se repose. On voit au loin d'autres vaches et une ferme.

SWEGER (Ecole française).

35.   *Paysage.*

Effet d'une fraîche matinée. Un grand chemin avec des arbres sur le bord. Une femme conduisant des chèvres semble indiquer la route à un voyageur.

RIBEIRA (Ecole espagnole).

36.   *Portrait d'un religieux espagnol.*

VIGNAUD jeune (Voir le n° 20.)

37. *Portrait de Van-Dick,* d'après Van-Dick.

RUBENS Pierre-Paul, né à Cologne en 1577, mort à Anvers en 1640.

38.   *Tête d'une jeune fille.*

C'est le fragment d'un tableau détérioré.

MIEREVELT ou MIREVELD Michel-Jans,

né à Delft en 1568, mort dans la même ville en 1641 (Ecole hollandaise.)

La manière dont cet artiste a traité le portrait peut entrer en comparaison avec celle d'Holbein, tant pour la disposition que pour l'exécution.

39. *Portrait d'un magistrat* dont le nom est inconnu.

SUBLEYRAS Pierre, né à Uzès (Gard) en 1699, mort à Rome en 1749.

40. *Un texte.*

RUBENS (attribué à) (Voir le n° 38.)

41. *Tête d'une jeune fille* (Ebauche.)

LESLY Pierre, né à Soest (Westphalie), en 1618, mort à Londres en 1680.

42. *Portrait de Mlle de Kéroualle*, maîtresse de Charles II, connue sous le nom de Mme la duchesse de Portsmouth.

43. COLIN (Voir le n° 19.)

Sara, belle d'indolence
Se balance

Dans un hamac, au-dessus
Du bassin d'une fontaine
Toute pleine
D'eau puisée à l'Ilissus.
(Victor Hugo , *Orientales.*)

De HÉEM Jean - David , né à Utrecht en 1604 , mort à Anvers en 1674.

44.   *Fruits.*

Ce tableau représente un citron, des huîtres, des raisins, un verre, etc. C'est un des plus remarquables du Musée.

GRIMOUX Jean, né à Ramont, canton de Fribourg, en 1680, mort à Paris en 1740.

45. *Portrait d'une jeune fille*, peint sur bois.

Inconnu (Copie d'après Carrache.)

46.   *Anachorète priant dans le désert.*

VIGNAUD (Voir le n° 20.)

47. *Jésus ressuscitant la fille de Jaïre.*

Le sujet de ce tableau est tiré de l'Evangile selon saint Marc, v :

« Pourquoi pleurez-vous ? dit le Seigneur ; cette

jeune fille n'est pas morte, mais elle dort. L'ayant prise par la main, il lui dit : Jeune fille, lève-toi, je te le dis. Incontinent, la jeune fille, âgée de douze ans, se leva et se mit à marcher. »

C'est l'esquisse terminée d'un grand tableau de Vignaud, exposé au salon de 1818, qui décore aujourd'hui l'église Saint-Roch, à Paris.

VERNET Joseph (Voir le n° 24).

48. *Marine.*

Le point de vue est pris près d'E'-Castel (Ile Lovo).

Inconnu (Ecole italienne).

49. *Saint André, apôtre.*

VAN-DICK (Voir le n° 29.)

50. *Portrait d'un magistrat* dont le nom est inconnu.

RUYSDAEL Jacques, né à Harlem en 1636, mort en 1681, dans la même ville.

51. *Paysage.*

COLIN (Voir le nº 19.)

52.   *Tableau de genre.*

Il représente une femme des Abruzzes qui presse un enfant sur son sein et le met à l'abri de l'orage sous une roche au moment où la foudre éclate.

53.   *Paysage.*

Faisant pendant au précédent. On y voit la même mère infortunée, dont l'enfant a été écrasé par des taureaux que les coups redoublés du tonnerre ont mis en fureur, et qui sont passés près de l'endroit où elle s'était abritée.

GREUZE Jean-Baptiste, né à Tournus, en Bourgogne, en 1725, mort à Paris en 1805.

54.   *Tête de vieille.*

Cette tête est l'esquisse d'une partie de son tableau représentant sainte Anne apprenant à lire à sa nièce.

JOURDAN Adolphe (de Nimes).

55. *Un jeune pêcheur au bord de la mer.*

MIGNARD Pierre, surnommé *le Romain*, né à Troyes, en Champagne, en 1610, mort à Paris en 1695.

56. *Portrait d'un Magistrat* sous le règne de Louis XIV.

LARGILLIÈRE (Voir le n° 31.)

57.   *Portrait.*

Superbe ébauche du portrait de Berwick, maréchal de France.

Inconnu (Ecole espagnole.)
58.   *Un Capucin.*

RENAUD dit Le Vieux, de Nimes, mort en 1690.

59.   *Saint Jean-Baptiste et Hérode.*

Saint Jean reproche à Hérode de vivre en commerce criminel avec Hérodias, femme de Philippe, son frère. Cette femme adultère baisse les yeux, qu'elle n'ose fixer sur lui.

Hérode, partagé entre la crainte et le respect que lui inspire le Saint, paraît hésiter à lui imposer silence.

60. *Décollation de saint Jean-Baptiste.*

Hérode avait promis à la fille d'Hérodias de lui accorder la première faveur qu'elle lui demanderait ; elle exigea, d'après les conseils de sa mère, la tête de saint Jean-Baptiste, qui était en prison. L'ordre de le décapiter fut immédiatement donné par le prince, et la tête du Saint lui fut apportée sur un plat.

SIGALON.

61. *Portrait en pied de Louis-Philippe Ier.*

GIGNOUX (Ecole française.)

62. *Portrait de Xavier Sigalon*, auteur de la *Locuste*.

Ce portrait a été donné par le gouvernement.

BARBIER, de Nimes.

63. *Portrait de M. Alexandre Vincens.*

Légué par testament au Musée , par sa sœur, Mme Pauline Vincens.

(*Voir* à la fin du volume la *Notice sur M. Alexandre Vincens.*)

VINIT, peintre français (Copie d'après Panini.

64. *L'Intérieur de l'église Saint-Pierre de Rome.*

Ce tableau, d'une vérité remarquable, donne une idée parfaite de cette immense basilique.

CORDOUAN, de Toulon.

65. *Marine.*

Cette vue, prise dans les environs de Toulon, représente, avec la plus grande vérité, les côtes de la Méditerranée, les chênes-liéges qui bordent ses rivages et la transparente atmosphère du beau ciel de la Provence.

C'est une des plus jolies productions de l'artiste toulonnais.

BOURDON Sébastien, né à Montpellier en 1616, mort à Paris en 1671.

66. *Paysage.*

Il représente, au premier plan, un homme et une femme assis près d'un rocher : plus loin, deux énormes chênes ; ensuite, un troupeau de moutons gardépar un berger. Au second plan, on voit une roche, au haut de laquelle est bâtie une maison de style gothique ; au pied de cette roche , on remarque un pont en bois et une chute d'eau. Le fond représente deux hautes montagnes vues dans le lointain.

TITIEN Tiziano-Vicelli , né à Cadore en 1477 , mort à Venise en 1579.

67. *Une Sainte Famille*, où l'on voit sainte Cécile et un religieux dominicain.

BARBIER , de Nimes (Voir le n° 63.)

68.   *Portrait.*

C'est celui de M. de Seynes père, membre du Conseil général du Gard. Ce portrait a été donné au Musée par son fils, M. Alphonse de Seynes, alors conservateur du Musée.

SIGALON Xavier (Voir le n° 1.)

69.   *Dessin.*

Esquisse d'un grand tableau, actuellement au musée de Nantes, représentant le massacre des enfants de la race royale, ordonné par Athalie.

STELLA Jacques, né à Lyon en 1596, mort
à Paris en 1647.

70.   *Une Sainte Famille.*

L'ALBANE Francesco-Albani, né à Bologne en 1578, mort en 1660.

71.   *Des enfants jouant à la crosse.*

L'Albane eut douze enfants très-beaux qui lui
servaient de modèles.

VAN-DICK (Voir le n° 20.)

72. *Esquisse* sur cuivre représentant la sé-
pulture du Christ.

LARGILLIÈRE (Voir le n° 31.)

73. *Portrait d'un Magistrat inconnu*, sous
Louis XIV.

RIGAUD Hyacinthe, dit le Van-Dick français, né à Perpignan en 1659, mort à
Paris en 1713.

74. *Portrait du maréchal de Turenne.*

75. *Portrait de maître Charles Parillez,* conseiller de Louis XIV.

SIGALON Xavier (Voir le nº 1.)

76. *Esquisse du tableau nº 1.*

C'est la première idée de notre peintre. Quelques personnes préfèrent le mouvement du personnage de la Locuste à celui que lui a donné le peintre dans son grand tableau.

RUBENS (Voir le nº 38.)

77. *Un Faune poursuivant une Nymphe.*

CHAMPMARTIN, (Ecole française.)

78. *Martyre de saint Sébastien.*

Ce Saint fut attaché à un arbre par les barbares auxquels il allait prêcher l'Evangile, et qui le firent mourir à coup de flêches.

ALIGNI, peintre vivant (Ecole française.

79. *Massacre des Druides.*

Ce paysage représente une forêt incendiée ; les soldats romains, armés de glaives et de torches, poursuivent et immolent aux pieds de leurs idoles tous les Gaulois qui viennent y chercher un refuge ; des femmes se tuent de désespoir ou se précipitent dans un gouffre. Sur un plateau éclairé par l'incendie et par les derniers rayons du jour, on voit deux prêtres élevant les mains pour implorer les dieux. Cette persécution eut lieu sous l'empire de Claude.

GUERCHIN, dit Giovanni-Francesco BARBIERI, né à Cento en 1590, mort en 1666 (Ecole bolonaise.)

80. *Mort de Didon.*

En apprenant le départ d'Enée, la malheureuse Didon monte sur un bûcher qu'elle-même a préparé, et se perce le sein avec l'épée de son amant infidèle.

Dans le fond du tableau, on voit les vaisseaux d'Enée qui fendent l'onde et quittent le rivage de Carthage.

L'Amour, dans le coin du tableau, s'envole, et quitte les lieux qu'il a remplis de deuil.

Ce tableau est l'une des compositions les plus remarquables du Guerchin, qu'il a reproduites plusieurs fois de sa propre main. C'est l'une des toiles les plus précieuses de notre Musée.

FRANC Pierre (Ecole française.)

81. *Josabeth sauve le petit Joas du massacre ordonné par Athalie.*

L'instant choisi par le peintre est celui où Josabeth prend le petit Joas dans ses bras; elle s'enfuit chargée de ce précieux fardeau, craignant la rage de ses impitoyables assassins, pour soustraire une illustre victime à la fureur des bourreaux. La nourrice, qui a été blessée avec l'enfant, se prosterne à genoux et implore la puissance divine.

Athalie, un poignard à la main, se montre au haut de l'escalier, excitant ses soldats, et veillant à ce qu'aucune victime ne lui échappe.

VIGNAUD jeune, de Nimes   (Voir le nᵒ 20.)

82. *Mercure donnant des leçons de lyre à Amphion.*

Mercure, inventeur de la lyre, chérissait Amphion; il lui enseignait à jouer de cet instrument.

SACHI Andréa, né à Rome en 1598, mort en 1661. Il fut le dernier élève de l'Albane.

83. *Esquisse.*

L'original de cette esquisse se trouve à la galerie de Florence.

NATOIRE Charles, né à Nimes en 1700,

mort à Castel-Gandolfo en 1777 , élève de LEMOINE.

84. *Saint Jean-Baptiste.*

Le Saint , dans un désert, parle à un agneau.

BIARD , de Lyon , peintre vivant.

85. *Les Arabes dans le désert surpris par le simoun.*

Le vent du désert souffle et soulève des sables rendus brûlants par les rayons du soleil ; des voyageurs se couchent à terre et s'enveloppent de leurs burnous, pour éviter la mort à laquelle ils échappent rarement.

SINIANI Elisabeth, élève du GUIDE.

86. *La prodigalité.*

Une jeune et belle comtesse italienne jette l'or et les bijoux à pleines mains.

COLIN (Voir le nº 19.)

87. *Les Bohémiens au Pont-du-Gard.*

L'auteur a été témoin de cette halte de bohémiens groupés au Pont-du-Gard. On y voit un vieillard tenant un enfant entre ses jambes, une femme faisant têter le sien pendant que plusieurs personnages la regardent ; un homme, couché par terre, boit dans une gourde ; une femme demande l'aumône à des voyageurs qu'un des petits bohémiens amuse en faisant claquer ses mâchoires en cadence. Dans le fond est le portrait de l'auteur.

Ce tableau fait maintenant pendant à celui dont nous avons fait la description sous le n° 19, dans l'une des salles de la Mairie, où il a été transporté.

Ce tableau a été donné au Musée par l'auteur, en 1838.

BOUCOIRAN Numa, élève de Sigalon, directeur de l'école de dessin et conservateur du Musée.

88. *Sainte Famille.*

PERRIÉ, ancien directeur de l'Ecole de dessin, à Nimes.

89. *Intérieur de l'Amphithéâtre au moment d'une lutte.*

Tableau donné par l'auteur.

CARRACHE Louis, né à Bologne en 1554, mort en 1619, élève du TINTORET, fondateur de l'école des CARRACHE.

90. *Un Saint Joseph.*

CARLO MARATO (Ecole italienne.)

91. *L'Assomption de la Vierge.*

Esquisse d'un tableau qui se trouve à Rome.

Inconnu.

92. *Portrait du cardinal de Noailles.*

COLIN (Voir les nos 19, 43, 52, 87.)

93. *Portrait de Xavier Sigalon.*

MIEREVELT (Voir le no 39.)

94. *Portrait d'un Magistrat inconnu.*

SIGALON (Voir les nos 1, 69 et 76.

95. *Portrait de M. T... de M...* refusé à son auteur.

GUIDO-RENI. (Voir le n° 18.)

96.   *Judith.*

C'est l'instant où, parée de ses beaux habits, sa servante lui dit qu'il est l'heure de se rendre chez Holopherne.

WEENINX Jean, né à Amsterdam en 1664, mort le 20 septembre 1719 (Elève de son père.)

97.   *Des Volailles.*

Un coq. des paons, des poules avec leurs poussins forment le premier plan du tableau ; le fond est une basse-cour au milieu de laquelle on voit un jet d'eau.

DETROY (Ecole de RUBENS.)

98. *Une Faucheuse endormie sur des gerbes de blé.*

RUBENS (Voir le n° 51.)

99.   *Le Repos de la chasse.*

Un jeune chasseur et son page se reposent. Un singe habillé, un lévrier, un paon, un perroquet et un cheval sont près d'un édifice.

RUYSDAEL (Voir le n° 51.)

100. *Marine.*

Le fond du tableau représente une ville où l'on voit un port de mer, des petits bâtiments dans le lointain. Deux rochers couverts de broussailles et deux grands arbres forment le premier plan.

ROGMAN-ROETLAND, né à Amsterdam en 1685, mort en 1797.

101. *Paysage.*

Il représente une vue prise en Suisse. Plusieurs personnages se reposent. On voit au loin un homme prosterné devant une chapelle. Un coup de soleil éclaire le second plan.

Inconnu (D'après VAN-DICK.)

102. *Portrait de Claire Génie*, religieuse, sœur de Philippe II, roi d'Espagne.

Inconnu (Copie).

103. *Portrait d'un Trappiste espagnol*, appelé Grand-Père Basile , vice-général de son ordre en 1723.

TITIEN (Voir le n° 67.)

104. *Tête de saint Jean-Baptiste* dans un plat , telle qu'elle fut présentée à Hérode.

VAN-DICK.

105. *Portrait du prince Rupert , cousin de Charles I*er.

LESUEUR Eustache, né à Paris, en 1617 , mort en 1655.

106. *Le Christ mis au sépulcre.*

BOUCOIRAN Numa (Voir le n° 88.)

107. *Une Offrande faite à la Madone.*

Ce tableau a été donné au Musée par l'auteur. en 1845.

BOUCHER François, peintre français, né en 1704, mort en 1770.

108. *L'Education d'un chien.*

Une femme assise près d'une cascade regarde un jeune homme qui fait tenir un chien debout sur ses pattes de derrière.

GREZY, peintre vivant.

109. *Paysage.*

Vue prise entre Aix et Marseille. Ce tableau, peint sur bois, représente d'une manière bien vraie le ciel et la nature du terrain de cette partie de la Provence. Il a été donné au Musée par l'auteur, en 1844.

BLOEMEN Jean-François, dit Orizonte, né à Anvers en 1656, mort à Rome en 1740.

110. *Paysage.*

Sur le premier plan sont deux grands arbres et un rocher auprès duquel deux hommes semblent causer ; au fond, on distingue quelques maisons au haut d'une montagne.

111.   *Paysage.*

Il fait pendant au précédent. Deux personnes
sont assises au pied d'un chêne. Un homme et
une femme conduisent un troupeau de moutons et
deux bœufs ; l'homme retient un chien qui veut se
lancer sur les deux premiers personnages.

CARRAVAGE.

112. *Tête d'un enfant qui tient le doigt sur*
sa bouche (Copie).

GÉRARD   (D'après VAN-DICK.)

113.   *Portrait du comte d'Arundel.*

LEBRUN Charles, né à Paris en 1619, mort en 1690.

114. *Saint Jean l'évangéliste en extase.*

Il reçoit l'inspiration du ciel pour écrire le saint
Evangile.

115.   *Belle tête du Christ.*

ANDREA SACCHI (Voir le nº 83.)

116. *Esquisse.*

Cette esquisse d'un tableau de Rome représente les classes de saint Romuald, fondateur de l'ordre des Valombresiens. Le Saint explique aux religieux qui l'entourent le rêve dans lequel il lui fut prescrit de fonder leur ordre.

Inconnu (Ecole de RUBENS.)

117. *Acis et Galathée.*

Inconnu.

118. *Léda.*

CORNEILLE Jean-Baptiste (Voir le nº 11.)

119. *La Résurrection du Christ.*

DOZE Melchior (de Nimes).

120. *La Visitation.*

Mlle BOUDON Mathilde, élève de M. Numa BOUCOIRAN, de Nimes.

121. *La Courtisane.*

Ce tableau, copié d'après celui de Sigalon qui décore le Musée du Louvre, représente une belle femme recevant d'une main un écrin que lui **remet** un amant, à l'instant où un autre lui fait passer **un** billet doux qu'elle reçoit en cachette de l'autre main.

Ce tableau a été donné au Musée par l'auteur, en 1844.

GIRAUD.

22.   *Souvenir de Taïti.*

Tableau donné par le gouvernement en 1853.

RUBENS (attribué à).

123.   *Trophée.*

Il représente des armes du xvie siècle.

124.   *Esquisse* (Ecole florentine.)

VIGNAUD   (Voir le n° 112.)

125. *Portrait* de Mme la marquise de Lamote.

126. *Portrait* de M. le marquis de Lamote.

127. *Portrait* de M. de Lamote le fils.

LEFÈVRE Charles.

128. *La chute de Satan.*

Tableau donné par le gouvernement, en 1853.

DELORD.

129. *Daphnis et Chloé.*

..... Dorcon ayant dit ces paroles, rendit aussi tost son esprit en la baisant, et Chloé prenant en main la fluste, la mist incontinent à sa bouche, et l'entonna le plus haut qu'elle peult. Les vasches, qui l'entendirent, recongnurent aussitost le son de la fluste et la notte de la chanson, et toutes d'une secousse se jettèrent ensemble dedans la mer : et pour ce qu'elles le firent tout-à-coup du même costé, et que par leur cheute la mer s'entrouvrit, la fuste en tourna sans dessus dessoubz, de manière que tous ceux qui étaient dedans se trouvèrent plongez en la mer. Daphnis estoit tout deschaux, comme celui qui gardoit les bestes aux champs et presque tout nud au demourant, pour ce que c'estoit en esté, et qu'il faisoit fort chauld. Parquoy les corsaires, après avoir duré un peu de temps à nager, furent tirez à fond et finalement noyez par la pesanteur de leurs armes ; et Daphnis à l'opposite, despouilla facilement si peu d'habillemens qu'il avoit autour de luy, et néanmoins encore se lassa-t-il de nager à la fin comme celuy qui n'avoit accoustumé de nager que dedans les rivières; toutesfois la nécessité lui enseigna ce qu'il avoit à faire en ce cas, car il se jetta entre deux vasches, qui nageaient coste à coste l'une de l'autre, et se prenant avec les deux mains à leurs cornes, fut par elles porté sans peine quelconque, aussi à son aise comme s'il eust esté dedans un chariot.....

DAPHNIS et CHLOÉ,

(LONGUS. Trad. D'AMYOT)

JOURDAN fils, de Nimes.

130. *L'Antiope*, d'après CORRÉGE.

PÉTERNEFF.

131.   *Intérieur d'église.*

WEENINX Jean-Baptiste.

132.   *Nature morte.*

BOTH Jean et André.

133.   *Ruines d'Italie.*

WEENINX Jean-Baptiste.

134. *Une Chasse.*

VAN-DICK.

135. *Ronde d'enfants.*

GUASPRE-POUSSIN.

136. *Paysage.*

MONFALET, de Bordeaux.

137. *Une partie d'échecs.*

Tableau donné par l'empereur Napoléon III.

ALLÉMAND, de Lyon.

138. *Paysage d'automne.*

HUGUET , de Marseille.

139. *Marchand d'esclaves traversant le désert de Suez.*

ALLEMAND, de Lyon.

140.   *Paysage.* Le Printemps.

FELON Joseph , statuaire, peintre et lithographe , à Paris.

141.   *Diane chasseresse.*

FORGIONI (Ecole italienne).

142.   *Marine.*

FELON Joseph, statuaire, peintre et lithographe, à Paris.

143. *Andromède sur les rochers* (Bronze.)

Donné par l'auteur au Musée de Nimes, en 1857.

LOUBON.

144. *Paysage.* Vue des environs de Marseille.

CHASTILLAIN (Manière du chevalier Brey-
del). Ecole flamande.

145.   *Bataille.*

146.   *Idem.*

SALLES Jules.

147. *La jeune fille aux Pêches* (D'après
Greuze.)

VIOT Antony, de Bourg (Ain).

148.   *Paysage de Bresse.*

VÉRONÈSE Paul.

149. *Le Martyre de sainte Agathe* (Superbe ébauche)

APPIAN Adolphe, de Lyon.

150. *Un soir dans la vallée d'Opteroi.*

TITIEN.

151. *Magnifique Portrait.*

On croit généralement que c'est le sien.

VERNET Joseph.

152. *Les Baigneuses.*

Ces deux tableaux ont été donnés au Musée, en 1862, par M. Louis Fournier, de Nimes, ancien député des Bouches-du-Rhône, Chevalier de la Légion d'honneur.

BRONKORTS (Ecole Flamande.)

153. *Portrait.*

C'est celui de Claude Brousson, ministre protestant, natif de Nimes.

JALABERT Charles, officier de la Légion-d'honneur, élève de Paul DELAROCHE.

154. *Maria Abruzzeze* (Marie des Abruzzes.)

CASTAN Edmond.

155. *Une épave.*

DOZE Melchior.

156. *Le Lépreux reconnaissant.*

SAINT-PIERRE.

157. *Léda.*

BELMONT (Mme de).

158. *L'Ariccia à Rome.*

TOURNIER.

159. *Portrait de M. Grangent*, ancien conservateur des monuments de Nimes (D'après VIGNAUD jeune.)

(*Voir* à la fin du volume la *Notice sur M. Grangent*).

J. LAURENT.

160. *Effet d'orage.*

CABAT.

161.   *Chasse, paysage.*

GIDE.

162.   *Réfectoire.*

Notice sur Xavier Sigalon.

Xavier Sigalon naquit en 1788, à Uzès, département du Gard. Son père était un pauvre maître d'école qui vint habiter Nimes, espérant y trouver plus de ressources pour sa profession et pour l'éducation de ses enfants. Sigalon approchait alors de sa huitième année. L'aspect journalier des monuments antiques de Nimes influa sur le développement précoce de son intelligence. Avide d'instruction, il lisait avec passion les livres d'histoire et de poésie. Admis à l'Ecole centrale de dessin dès l'âge de dix ans, il s'y fit connaître avec tant d'éclat que, quelques jours après sa réception, le professeur, M. Bally, ne craignit pas de pronostiquer à ses parents que ce serait un peintre des plus célèbres. A la fin de l'année, cet oracle fut répété en pleine assemblée publique par M. Dubois, premier administrateur du département. Toujours au premier rang, Sigalon avançait rapidement dans ses études, lorsque l'Ecole centrale fut fermée. Alors il se mit à fréquenter la bibliothèque publique avec une ardeur et une assiduité qui lui firent oublier toute occupation positive, et alarmèrent sa mère, pressée par les besoins d'une nombreuse famille. Il essaya, sur les observations de cette excellente mère, de se plier aux nécessités de la situation ; mais la passion de l'artiste prenait toujours le dessus et l'emportait malgré lui.

Cependant Sigalon atteignait sa vingtième année,

et sa ville natale ne lui offrait plus aucun moyen
d'instruction qu'il n'eût épuisé. Trop pauvre et
d'un naturel trop peu hardi pour entreprendre un
voyage et courir les chances de la vie d'artiste,
il donnait des leçons, dessinait des portraits à l'es-
tompe, lorsqu'un peintre nommé Monrose, élève
médiocre de David, vint s'établir à Nimes. Sigalon
apprit de lui les éléments de la peinture. Ses premiers tableaux furent : une *Mort de Saint Louis*,
placée à la cathédrale de Nimes ; une *Sainte Anas-
tasie*, pour le village de Russan, et une *Descente
du Saint-Esprit sur les apôtres*, vaste composition
qui occupe tout l'hémicycle de l'église des Pénitents
à Aigues-Mortes. Exempté de la conscription par
le dévouement d'un de ses frères, qui, malgré son
opposition, voulut servir à sa place, Xavier ne put
résister plus longtemps au désir passionné de voir
Paris et d'y compléter ses études. Quinze cents francs
amassés à force d'économie et de privations, lui
permirent de satisfaire ce désir et furent pendant
deux ans son unique ressource Sigalon avait alors
vingt-neuf ans. Découragé par sa première visite
aux galeries du Louvre, il persista cependant et
entra dans l'atelier de Pierre Guérin, où il tra-
vailla pendant six mois sans réussir à rien produire de satisfaisant. La vie bruyante de l'atelier
ne convenait pas à son esprit réfléchi ; Sigalon le
reconnut et quitta Pierre Guérin pour aller travailler seul, avec un de ses compatriotes, M. Souchon.
Il passait des journées entières dans les salons
du Louvre, contemplant les chefs-d'œuvre des
maîtres, les décomposant par la pensée, et, sans
toucher ni le crayon ni la brosse, accomplissant

ainsi de consciencieuses études qu'il avait toujours soin de fortifier par l'observation de la nature. Désirant essayer ses forces sur une composition qui pût commencer à le faire connaître, Sigalon quitta son ami et alla s'établir dans une petite chambre du faubourg Saint-Denis, où il peignit son premier tableau, la *Courtisane*. Ce tableau, fini en 1821, fut jugé par son auteur trop faible pour l'exposition : Sigalon le fit offrir à la ville d'Uzès pour 600 fr. qu'il avait déboursés. Il l'avait relégué dans un coin de son atelier, lorsqu'un de ses amis, M. Rossi, de Nimes, l'aperçut, l'admira, fit partager son admiration à MM. de Forbin et Paulin Guérin, et releva le courage du pauvre peintre.

Le tableau fut exposé, loué dans les journaux, acheté 2,000 fr. par Louis XVIII et placé au Luxembourg. Il orne aujourd'hui une des galeries du Louvre. Après ce succès inespéré, qui le plaça au premier rang parmi les jeunes talents sur qui reposait l'avenir de notre école, Sigalon exécuta, pour le village de Robiac, près d'Alais, dans les Cévennes, un tableau représentant la *L'élivrance de saint Pierre*. Le prix de ce tableau suffit à peine pour couvrir les déboursés. La position du peintre était toujours des plus pénibles : quinze sous par jour étaient la seule dépense qu'il pût se permettre. Dans cette position plus que gênée, son excellent cœur trouvait encore le moyen d'envoyer des secours pécuniaires à ses parents, dont la vieillesse de jour en jour plus pauvre et plus chagrine lui déchirait le cœur. Toujours préoccupé de son art, il ne vit dans le prix de la *Courtisane* que la faculté d'exécuter un nouveau tableau ; il choisit pour sujet : *Locuste essayant sur un esclave le poison destiné à assassiner Britannicus.* Il s'inspira de ces trois vers de Racine, pour lequel il avait la plus grande admiration :

> Le poison est tout prêt ; la fameuse Locuste
> A redoublé pour moi ses soins officieux.
> Elle a fait expirer un esclave à mes yeux.

Nous n'analyserons pas cette composition ; elle fait le plus bel ornement du Musée de Nimes. Exposée en 1824, dès le second jour elle était achetée 6,000 fr. L'admiration fut genérale et le triomphe d'autant plus glorieux que, pour mener à fin cette œuvre, le pauvre Sigalon avait dû vaincre des difficultés inouïes : n'ayant pour tout atelier qu'une chambre basse et étroite, il avait été obligé de se coucher à plat ventre, afin de prendre les terribles raccourcis de l'esclave et tout le bas du tableau. Le manque de reculement ne lui avait pas permis de se rendre compte de ses effets. Il poussait si loin l'amour du vrai que, manquant de pain, il acheta cependant 15 fr., à un vieil aveugle, un lambeau de couverture pour en faire la draperie jetée sur son esclave.

Sigalon oubliait complètement les choses matérielles. Ses amis s'en alarmèrent, et engagèrent sa sœur, Mlle Elisabeth, à venir auprès de lui. Elle accourut avec le dévouement qui fut toujours la vertu de cette noble et pauvre famille ; elle s'établit auprès de lui, et partageant avec courage sa misère, elle rétablit un peu de bien-être dans son intérieur.

Encouragé par le succès de la *Locuste*, Sigalon

loua un atelier plus vaste, et entreprit une grande page destinée à développer tous ses moyens : *Athalie faisant massacrer ses enfants*. Une violente maladie interrompit ce travail, compromit les ressources pécuniaires que Sigalon y avait consacrées, et réduisit le temps nécessaire pour l'achever. Enfin, rétabli et encouragé par ses amis, le peintre reprit son œuvre. Le jour d'en haut manquait à son atelier, et le châssis tenait toute la longueur de la pièce ; Sigalon ne put donc pas apprécier l'effet général. Lorsqu'il vit son tableau dans une salle du Louvre, il reconnut que cet effet était manqué, et en éprouva une telle douleur que, le lendemain, sa barbe avait blanchi. Le tableau fut cependant exposé en 1827. Ce fut une défaite : la grandeur de l'ordonnance, l'énergie de la touche, la beauté des détails, ne purent racheter aux yeux du public l'aspect malheureux de l'ensemble. Après la clôture du Salon, Sigalon roula sa toile et la relégua dans la poussière de son atelier ; plus tard, le gouvernement de Juillet l'acheta 4,000 fr. et l'envoya au Musée de Nantes, où on peut la voir aujourd'hui. A son retour de Rome, Sigalon disait : « Ce que » j'ai fait de mieux, c'est l'*Athalie*, malgré ses » grands défauts. »

Triste après cet échec, et inquiet à cause des dettes que sa maladie et les frais énormes de son grand travail l'avaient forcé à contracter, Sigalon reprit un peu de courage en recevant, pour la cathédrale de Nimes, la commande d'un *Baptême du Christ*, qui lui fut payé 3,000 fr. C'est une de ses plus belles pages.

En 1827, il reçut de la liste civile et du ministère

des travaux publics la commande de deux tableaux religieux dont les sujets restaient à son choix ; il choisit les plus difficiles : la *Vision de saint Jérôme* et le *Christ en croix*. Exposés en 1831, ces deux tableaux mirent le sceau à sa réputation. Placé d'abord au Luxembourg et aujourd'hui au Louvre, parmi les chefs-d'œuvre de l'école française, le *Saint Jérôme* restera l'œuvre capitale de Sigalon ; le groupe des anges est une terrible création digne des plus grands maîtres. Le *Christ* est maintenant à Yssengeaux, dans le département de la Haute-Loire. Ces deux ouvrages lui furent payés 7,000 fr. On décerna au peintre la décoration de la Légion d'honneur. Son existence n'en était pas moins précaire.

Un heureux hasard voulut que la famille de **M.** Laffitte, acquéreur de la *Locuste*, trouvât le sujet de ce tableau trop effrayant. Sigalon fut prié de le remplacer par quelque chose de moins tragique. La ville de Nimes profita de cette occasion pour acquérir un des chefs-d'œuvre de son fils adoptif ; elle le paya 5,000 fr. et Sigalon exécuta pour **M.** Laffitte un sujet anacréontique. Cet ouvrage, remarquable de grâce et de fraîcheur, passa plus tard aux mains de M. de Rothschild ; il est aujourd'hui à Paris, chez M. Moreau, agent de change. Après ce travail, Sigalon se trouva sans commandes et sans ressources ; le public et l'administration l'oubliaient. Nimes seul se souvint de lui, et lui demanda un portrait du roi pour la salle du conseil municipal.

Désespéré de son dénûment : « Mon Dieu, disait-il, si j'ai peu de mérite, j'en ai du moins assez pour gagner ma vie, et on ne devrait pas me laisser mourir de faim ! » Un tableau d'église lui fut commandé par le ministère, et le prix fixé à 3,000 fr. Sigalon allait se mettre à l'œuvre, lorsqu'un contre-ordre arriva, et au lieu d'un sujet religieux, on voulut un sujet officiel. Pour les frais que demandait l'exécution, le prix n'était pas suffisant. Sigalon le fit observer et insista pour le premier tableau. On crut voir, dans cette résistance, du mauvais vouloir ; la commande fut retirée. Accablé de ce dernier coup, trop fier pour descendre à des sollicitations, et trop pénétré de la dignité de son art pour l'exploiter par des œuvres incomplètes, bonnes seulement à produire quelque argent, Sigalon quitta Paris, maudissant la grande peinture. Il revint à Nimes, où consolé, par ses nombreux amis, il fit des portraits qui la plupart sont des chefs-d'œuvre. M. Thiers le rappela à Paris, et le chargea d'aller à Rome exécuter, pour la Chapelle de l'Ecole des beaux-arts de Paris, la copie des terribles fresques du *Jugement dernier* de Michel-Ange, qui décorent à Rome la chapelle Sixtine, et que les ravages du temps menacent d'une complète destruction. Frappé de l'importance d'une si difficile mission, Sigalon l'accepta avec courage. Cinquante-huit mille francs lui furent alloués pour cette œuvre gigantesque. Il partit au mois de juillet 1831.

Effrayé d'abord à l'aspect d'un travail que tous jugeaient impossible, il se raffermit après une étude plus complète. Dignement secondé par son élève de prédilection, M. Numa Boucoiran, aujourd'hui directeur de l'Ecole et du Musée de

Nimes, il passa à Rome quatre années, remplies par un travail sans repos.

Les deux directeurs de l'Académie française à Rome qui se succédèrent pendant cet intervalle, MM. Horace Vernet et Ingres, comprirent, en grands artistes, l'œuvre de Sigalon, et en écrivirent à Paris avec de tels éloges que l'allocation fut augmentée de 20,000 fr., et l'on inscrivit sur le grand-livre, en faveur de Sigalon, une pension viagère de 3,000 fr., suffisante pour garantir son indépendance et son repos à venir. Lorsque cet immense travail fut terminé, Sigalon l'exposa dans une salle des Thermes de Dioclétien, dépendante du couvent des Chartreux, et, pendant trois jours, toutes les classes de la population italienne, si impressionnable et si apte à juger les belles choses, se pressèrent dans cette salle et admirèrent. Le troisième jour, le pape lui-même, Grégoire XVI, digne successeur de Jules II et de Léon X, vint dans toute la pompe sacerdotale, suivi d'un cortége de cardinaux. C'est l'usage que le Saint-Père donne au peuple sa mule à baiser ; aux princes et aux ambassadeurs, le dos de la main ; aux rois seuls et aux empereurs il ne demande pas de profonds hommages : il leur donne la main. Dès que Sigalon vit entrer Grégoire, il voulut se prosterner à ses pieds ; mais le Pontife souverain ne lui en laissa pas le temps ; il s'avança en lui tendant la main avec dignité comme à son égal : « Nous ne savions pas, Monsieur, lui dit-il, » la grandeur du trésor que nous possédions dans » la chapelle Sixtine ; votre ouvrage nous ap- » prend à l'apprécier. » Après ce triomphe, on roula la grande toile, et Sigalon vint lui-même l'installer à Paris, au mois de février 1837.

Paris ratifia les éloges que Rome avait décernés à ce grand ouvrage, et Sigalon retourna à Rome pour le compléter par la reproduction des penden- tifs. Pendant qu'il se livrait à ce travail avec toute l'ardeur de son caractère, le choléra éclata à Rome. Dominant les premières atteintes, Sigalon s'obstine à travailler, et ne cède enfin que vaincu par le terrible fléau. Tous les secours de l'art et de l'a- mitié furent inutiles : le 18 août 1837, Sigalon expira, consolé par les exhortations de l'abbé Lacordaire. Il avait quarante-neuf ans. Sa mort fut calme et sans délire. Tout ce que Rome alors comptait d'artistes distingués de toutes les parties de l'Europe, s'empressa pour honorer les funé- railles du peintre nimois. Un tombeau lui fut élevé sous les voûtes de Saint-Louis-des-Français. Ses concitoyens ouvrirent une souscription dont le produit fut consacré à l'érection du buste qui dé- core aujourd'hui la Maison-Carrée, et que l'on doit au ciseau énergique de M. Briant : distinctions méritées, honneurs légitimes ; car Sigalon fut un des hommes toujours bien rares, en qui l'on ne saurait trop admirer

L'accord d'un beau talent et d'un beau caractère !

(Extrait de la *Biographie de Sigalon*, par Schœlcher.)

Notice sur Alexandre Vincens.

M. Alex. Vincens, l'un des savants les plus distingués de la ville de Nimes, naquit, le 12 juillet 1771, d'une famille ancienne, professant la religion réformée. Elevé auprès de parents si bien faits pour épurer les inclinations, Alex. Vincens vit son enfance remplie de tendres soins et ouverte à tous les sentiments généreux.. Et lorsqu'il commença l'étude des langues anciennes, il fut encore heureux de trouver dans le collége de Nimes, dans les doctrinaires qui le dirigeaient, des maîtres aussi habiles qu'affectueux.... Ses succès classiques furent nombreux et brillants... Son esprit vaste et actif voulait tout embrasser et savait tout comprendre : génie d'invention, science d'analyse, imagination et jugement, sensibilité et raison, il réunissait toutes les qualités.

M. Vincens se réfugia au sein des lettres grecques et romaines ; mais la défense de la patrie vint l'arracher à ses paisibles travaux.

Incorporé dans les gardes-côtes, il sut mériter, commander l'affection et le respect, et s'occuper encore de ses études chéries. On raconte qu'un jour, on le chercha longtemps au moment de faire l'exercice ; il s'était oublié en lisant son Horace..

On venait de rouvrir les écoles fermées dans les temps de nos troubles, et de créer un système d'études libres, auquel M. Vincens s'associa avec empressement. Nommé unanimement professeur d'histoire à l'Ecole centrale du Gard, il fit, dès ses premières leçons, admirer l'étendue de ses connaissances, l'éclat et la pureté de son langage.

Il n'y eut pour lui ni épreuve, ni noviciat. Il se plaça, en débutant, au plus haut de la carrière...

C'est là que nous avons tous admiré la mémoire la plus vaste, les connaissances les plus variées, la plus rare intelligence du passé. Chez cet homme étonnant, la pensée et l'expression jaillissaient à la fois, sans effort ni sans fin. Il y avait simultanéité et durée. Devant son auditoire, dont il savait si bien connaître et guider les sentiments, toutes ses paroles étaient des maximes de goût et de raison, des expressions vivantes de sensibilité, qui répandaient sur les idées les plus ardues, sur les systèmes les plus divers, le jour heureux d'une raison calme et haute.

Il agita et traita, avec suite et profondeur, les questions d'agriculture, et émit sur les systèmes d'assolement des idées justes et fécondes qu'il n'a pas osé produire au grand jour de l'impression. Cette défiance de lui-même a rendu rares les compositions littéraires de cet homme éminent. Les recueils de l'Académie du Gard renferment cependant de lui deux dissertations savantes sur les *Perses* d'Eschyle et l'*Antigone* de Sophocle, et la traduction de plusieurs scènes de ces tragédies où l'on trouve non seulement l'intelligence parfaite du texte, mais encore l'empreinte forte et touchante des deux poëtes grecs.

Membre du Consistoire, surveillant des écoles, membre de la commission des lettres, du conseil de l'Académie universitaire, de l'administration des hospices, du conseil municipal, il suffisait à toutes les tâches, et recueillait de toute part, en les accomplissant, des marques d'estime, de vénération et de reconnaissance pour tant de dévouement.

Cependant il s'apercevait journellement de l'altération de sa santé si précieuse ; son œil si vif, où naguère rayonnait le talent et la bonté, s'éteignait dans la souffrance. Sa chevelure, qui rappelait celle de l'auteur de *Paul et Virginie*, flottait abandonnée ; son corps était frappé d'une insurmontable langueur...

Enfin l'instant arriva : l'Académie perdit son plus bel ornement, Nimes son premier citoyen. Des regrets universels éclatèrent. Confondus dans une vive et commune douleur, la ville entière courut, représentée par les habitants de toutes les classes, jaloux d'apporter le tribut de leurs larmes sur la tombe qui venait de s'ouvrir (1). M. Alex. Vincens mourut en janvier 1830.

Notice sur M. Grangent.

M. Grangent (Victor-Stanislas), né à Pont-Saint-Esprit (Gard), en 1770, était fils du directeur des travaux publics de la province du Languedoc.

A l'âge de dix-huit ans, après de brillants succès dans ses études classiques, études pour lesquelles il conserva pendant tout le reste de sa vie une espèce de culte, il débutait dans une carrière qu'à l'exemple de son père, il devait parcourir avec honneur. En 1789, à la veille de la Révolution,

(1) Extrait de l'éloge de M. Alexandre Vincens, prononcé dans la séance publique de l'Académie du Gard, 14 mai 1831, par M. Nicot.

une administration générale des ponts et chaussées ayant été organisée en remplacement des
administrations provinciales, M. Grangent fut
appelé à en faire partie. Il se fit bientôt remarquer
par sa capacité et ses talents. Lorsque son frère
aîné, qui avait été nommé ingénieur en chef du
Gard, et qui, quoique jeune encore, comptait déjà
d'excellents services, vint à mourir prématurément;
M. Victor Grangent, à peine âgé de 30 ans, fut
appelé à lui succéder.

. . . .

La première publication sortie de la plume de
M. Grangent fut une *Description abrégée du département du Gard*, qui parut en 1799.

Des données relatives à la flore de notre pays
et à ses richesses minéralogiques avaient été
fournies par MM. Granier et Solimani, professeurs
à l'école centrale de Nîmes; il les joignit aux
nombreux et importants documents qu'il avait
recueillis lui-même, coordonna le tout et en com-
posa un corps d'ouvrage. Cet écrit, très-riche en
matériaux de tout genre, habilement condensé, a
été rédigé avec une clarté et une méthode qui ne
laissent rien à désirer. Le style est coulant et d'une
simplicité élégante. Le lecteur se sent excité et
encouragé à s'instruire. L'auteur avait d'ailleurs
le mérite d'ouvrir, en quelque sorte, la voie pour
ce genre de composition à peine essayé alors et si
fort cultivé de nos jours, où la science de la statis-
tique a pris une véritable importance.

Placé en présence des chefs-d'œuvre de l'antiquité, M. Grangent éprouva le besoin de les étudier.
Grâce à sa persévérance et à ses brillantes facultés,

il sut bientôt prendre place dans le monde savant. Un ouvrage sur les monuments antiques du midi de la France, qu'il publia avec la collaboration de deux hommes distingués (1), obtint, dès son apparition, le plus grand succès. L'édition fut de suite épuisée.

Cet ouvrage contient la description particulière et détaillée des monuments. Les auteurs en recherchent soigneusement la destination et l'origine ; ils discutent les opinions et les systèmes qui ont été déjà mis en avant, les placent, au besoin, en présence de leurs propres idées, et s'appliquent à démontrer de quel côté est la vérité.

Plusieurs découvertes qui leur appartiennent sont exposées successivement, entre autres, celle qui se rapporte aux joutes sur l'eau ou naumachies qui étaient célébrées dans l'intérieur de l'Amphithéâtre, et la démonstration de l'existence d'une vaste tente, composée de nombreux compartiments, qui pouvait recouvrir, soit en partie, soit en totalité, la surface du monument. Ils avaient fourni tous les détails explicatifs sur ces deux découvertes qui, l'une et l'autre, avaient été accueillies avec un grand intérêt. Il y a lieu aussi de le faire remarquer, le système des innombrables égoûts distribués dans l'intérieur de l'Amphithéâtre pour l'écoulement des eaux pluviales (2) a été soigneusement exposé et parfaitement expliqué dans l'ouvrage.

(1) M. Charles Durand, ingénieur des ponts et chaussées, et M. Simon Durand, ingénieur en chef du cadastre.

(2) A ces égouts venaient communiquer de nombreux urinoirs établis aux divers étages de la construction.

On y trouve des détails complets et vraiment remarquables à ce sujet. On les a souvent reproduits.

L'ouvrage, dans toutes ses parties, révèle des
recherches approfondies, appuyées sur des connaissances spéciales, étendues. Les appréciations
sont exactes et judicieuses: une part équitable est
faite aux auteurs qui ont précédé: la forme est
pure, correcte et constamment goûtée du lecteur.

M. Grangent avait été nommé conservateur des
monuments de Nimes; l'Amphithéâtre, appelé vul-
gairement les *Arènes*, fut le premier objet qui
l'occupa dans ses nouvelles fonctions. Des maisons,
en très-grand nombre, mais plus ou moins informes
et construites en très-grande partie avec des matériaux arrachés au monument, avait fini par en
masquer les dehors et en obstruer l'intérieur. Au
moyen âge, les habitants de ces maisons, voués
exclusivement à la profession des armes, portaient
la qualification de *Chevaliers des Arènes*. En dernier
lieu, il ne restait guère plus que des habitants pau-
vres et de la plus humble condition. Le sol s'était re-
levé intérieurement de 6 à 7 mètres, par l'effet des
amas de décombres qui s'étaient formés peu à peu.

La province du Languedoc avait tenté à diverses
reprises de déblayer le monument: François Ier,
antérieurement, avait donné des ordres pour qu'il
en fût ainsi; mais l'œuvre était restée fort arriérée.

M. Grangent, sur la proposition qu'il fit de la
reprendre, fut chargé de ce soin et parvint à la
faire marcher activement. Il montra alors ce qu'on
pouvait attendre d'un zèle habile et que rien ne
devait arrêter. L'édifice fut dégagé progressive-
ment de ses ruines et ramené à l'état actuel qui

permet d'en saisir l'ensemble et d'en étudier les détails.

Il fit ensuite exécuter de nombreuses réparations pour conserver ou consolider diverses parties de l'édifice. En même temps, des voûtes intérieures, des rampes d'escalier, des massifs de gradins furent rétablis, en vue de donner une idée de l'état primitif du monument que les ravages du temps et surtout ceux de la main des hommes avait si fortement défiguré.

C'est de 1809 à 1812, sous l'administration vigilante et éclairée de M. d'Alphonse, alors préfet du département, que la premiere partie des travaux dont nous venons de parler a été exécutée. Le décret impérial qui les ordonnait portait une allocation de 424,000 fr., non compris les fonds destinés à acquitter les indemnités considérables dues aux propriétaires des maisons démolies dans l'intérieur et autour de l'Amphithéàtre. C'était là une magnificence bien digne de la grandeur de l'œuvre, et qui témoignait de la protection accordée aux arts.

Le temple dit la Maison-Carrée a été restauré en entier par les soins de M. Grangent. Il fut dégagé d'abord des terres et des débris qui s'était amoncelés à sa base sur une hauteur de 2 mètres environ. Ensuite, le stylobate, avec la pureté et le bel effet de ses lignes, fut rétabli complètement et conformément aux indications les plus scrupuleuses recueillies sur place. On opéra de même pour la rampe d'escaliers du péristyle. On conserva toutefois soigneusement toutes les parties qui devaient servir de pièces justificatives à la restauration. L'ancienne base de l'édifice, qui montre le soin particulier que les anciens mettaient à assurer la solidité de leurs constructions, fut reconnue alors entièrement par M. Grangent.

La Maison-Carrée était devenue une propriété particulière en 1576; on n'avait pas craint de livrer le monument le plus riche et le mieux conservé de l'antiquité aux caprices et à l'impéritie de particuliers ignorants; il en était résulté qu'on avait poussé l'outrage jusqu'à faire servir l'édifice à loger des animaux.

Il était encore en possession d'un habitant de la cité, lorsqu'en 1670, il fut acheté par les religieux Augustins; ils avaient fait construire une chapelle dans l'intérieur du temple antique, en se conformant, d'ailleurs, aux précautions qui avaient été prescrites par l'arrêt du conseil, de 1672, en vue de la conservation du monument. Néanmoins, la charpente qu'ils avaient établie ne l'avait pas été dans de bonnes conditions; le toit qu'elle supportait menaçait de s'écrouler et de tout entraîner dans sa chute : déjà même certaines parties intérieures de la construction surplombaient.

M. Grangent s'occupa des moyens de porter un prompt secours à cet état de choses : il fit démolir la voûte et les murs de la chapelle; la charpente fut enlevée et remplacée par un système ingénieux de poutres armées, combinées avec un contre-mur intérieur. Un toit avec les tuiles, à la manière antique, dont les modèles ont été retrouvés dans les fouilles autour du temple, vint remplacer avantageusement la mauvaise toiture qui existait auparavant.

La couverture du péristyle fut également renouvelée et le plafond reconstruit avec des caissons à rosaces dans le goût de ceux qui avaient dû primitivement y figurer.

Dans tout ce travail, non seulement le plan antique fut fidèlement reproduit, mais l'œuvre moderne le dispute, par la beauté de l'exécution, à l'œuvre des Romains. Actuellement, le monument, consolidé et en quelque sorte rajeuni, est assuré de traverser encore bien des siècles et de continuer à exciter l'admiration de tous.

C'est pendant le cours des travaux relatifs à la restauration que l'on fit la découverte d'une galerie à colonne qui régnait sur trois côtés, à distance du monument, et qui en formait une magnifique et imposante dépendance. On fut amené, en outre, à reconnaître alors l'existence d'un *forum*, auquel se rattachait la plate-forme du temple du côté du midi (1).

Les fouilles autour de la Maison-Carrée avaient commencé en 1820 ; la restauration de l'édifice avait suivi de près : le 11 mars 1824, on installait un Musée dans l'intérieur de l'ancien temple. C'est ici l'occasion de rendre un juste hommage à la mémoire de l'administrateur habile et profondément instruit qui était alors à la tête du département : M. Villiers du Terrage avait pris tout à fait à cœur la restauration de nos monuments ; il avait fortement aidé et encouragé M. Grangent dans l'accomplissement de sa tâche.

(1) Une notice détaillée de cette double découverte fut publiée par M. Alphonse de Seynes, dans son *Essai sur les fouilles de la Maison-Carrée*.

Dans les moments de loisirs que lui laissaient ses fonctions, M. Grangent ne se livrait pas seulement à l'étude des monuments antiques : d'autres objets scientifiques devinrent le but de ses méditations; ainsi la Société centrale d'agriculture ayant mis au concours, en 1841, une question sur les irrigations, un mémoire échappé, en quelque sorte, à la plume de M. Grangent, obtint le premier prix. D'autres succès en ce genre lui eussent été acquis, s'il avait eu moins de modestie et moins d'indifférence pour toute espèce de gloire et de renom (1).

M. Grangent est mort en avril 1843, emportant les profonds regrets de ses concitoyens.

(1) Extrait de la Notice sur M. Grangent, lue par M. Plagniol devant l'Académie du Gard, dans sa séance particulière du 7 avril 1866.

Nimes. — Typ. Clavel-Ballivet et Cie.